Servizo de Publicacións
UniversidadeVigo

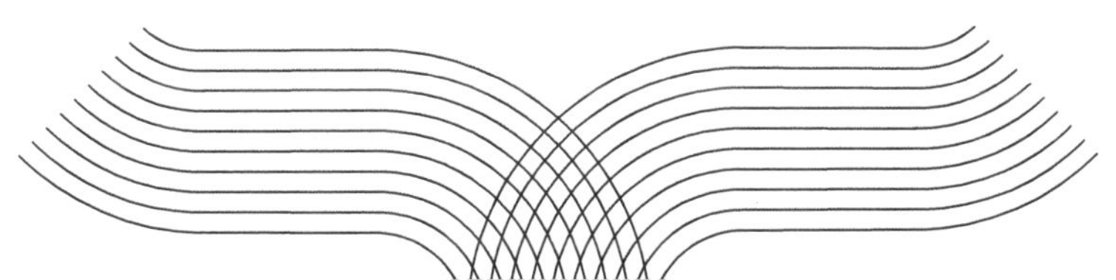

Miscelánea

Serie de textos misceláneos

Edición
Universidade de Vigo
Servizo de Publicacións
Rúa de Leonardo da Vinci, s/n
36310 Vigo

Deseño gráfico
Tania Sueiro Graña
Área de Imaxe
Vicerreitoría de Comunicación e Relacións Institucionais

Imaxe da portada
Adobe stock

Maquetación e impresión
Tórculo Comunicación Gráfica, S. A.

ISBN
978-84-1188-022-0

Depósito legal
VG 416-2024

Servizo de Publicacións
Universida_de_Vigo

Un gigante entre pigmeos

*Rescatar a Marx
de los "marxistas"*

Autor

Xoán Hermida

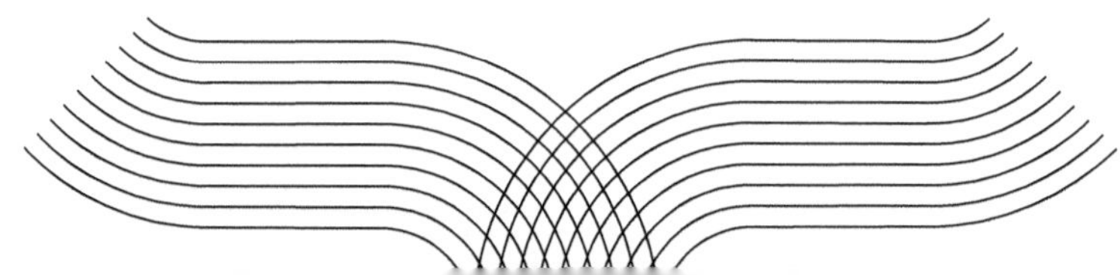

Capítulo 01
Prologo a la introducción para una (nueva) revisión crítica del pensamiento de Marx

"Les attractions sont proporcionnelles aux destinées";
epitafio en la tumba de Charles Fourier,
en el cementerio de Montmartre

En el filme A King in *New York (Chaplin 1957)* el jovencísimo editor Rupert Macabee respondía - ante la insinuación del *Rey Shahdov* de si era comunista ya que leía a Marx -: *"¿es que hay que ser comunista para leer a Karl Marx?"*.

De entre todas las maneras que hay para aproximarse a la obra de un gran pensador la más inadecuada es hacerlo de forma militante, esperando encontrar las respuestas a todas las grandes interrogantes que nos intranquilizan, en una actitud sanatorial que nos reconforte y calme nuestras ansiedades. Durante años, especialmente durante una buena parte del siglo XX, miles de jóvenes se han acercado al pensamiento de Marx e incorporado al cuerpo doctrinal del marxismo con esa actitud voluntarista e idealista, convencidos de que en ambos iban a (re)descubrir preceptos emancipadores de los que ya habían oído hablar a sus 'camaradas' mayores y que ya no encontraban en las 'viejas' religiones.

El carácter de doctrina militante para un cambio global que de forma muy temprana adquirió el pensamiento de Marx - con la ayuda de Engels – favoreció que, a diferencia de otros pensadores, su pensamiento adquiriera un cuerpo totalizante en todas sus dimensiones, en lo más parecido a una religión, aunque en este caso no teísta.

La pronta dogmatización del pensamiento de Marx, tras su muerte, y su, no menos pronta, doctrinarización fue central para que el debate posterior, hasta hoy, de su pensamiento adquiriera un formato escolástico, enmarcando alrededor de unos principios no cuestionables en cualquier debate posible.

Karl Marx era un prolifero creador, pero en constante revisión de sus escritos. Muchos de ellos no pasaron de borradores, múltiples veces corregidos, y que en algunos casos no llegaron a ver la luz o lo hicieron de forma póstuma.

La obra de Marx, casi con total seguridad, no tendría ni la importante difusión ni la repercusión social que llegó a tener sin la participación clave de su colaborador, admirador y amigo leal, *Friedrich Engels*, que hizo un trabajo ímprobo de compilación, sistematización y edición necesario, sin el cual muchas de sus obras no verían la luz.

Pero Engels, siendo una persona con una gran capacidad intelectual y teniendo una infinita capacidad de concreción y trabajo, no tenía la capacidad creativa de Marx. Al actuar como el albacea de su obra, como su 'traductor' hacia la sociedad y ser el 'comandante en jefe' del movimiento obrero y socialista; adquirió el mismo poder que en los primeros pasos del cristianismo tuvo San Pedro *(Simón)*. De entre sus discípulos, Engels, era reconocible como su principal profeta y como tal tenía una autoridad política y moral que difícilmente nadie más podía adquirir.

Engels inició un camino de ideologización del pensamiento de Marx, hasta transformarlo en el marxismo como cuerpo doctrinal cerrado - 'socialismo científico' *(Anti-Dühring, 1878)* -. Sus dos principales apóstoles Kaustky y Plejanov, se encargaron de divulgar esa visión mecanicista del pensamiento de Marx, en Europa y en Rusia, respectivamente.

El triunfo de la revolución rusa, de inspiración marxista y con la impronta personal de Lenin, en **un país donde ni el desarrollo social era el propio para el transito al socialismo**, según los propios mecanismos sociales formulados por Marx en sus análisis; y donde **no existía una tradición democrática mínima, que permitiera un desarrollo del debate político en términos de libertad de pensamiento**; ligaron en adelante al marxismo con una de las corrientes totalitarias de escala global que llevaron a Europa, y al resto del mundo, a la locura del fanatismo, el genocidio y la guerra.

Lo peor que le pudo pasar a Marx fue que su pensamiento se vinculara interesadamente, por adversarios y detractores, en esa lógica de "mantener la conexión entre *la represión comunista, el marxismo, y el pensamiento de Marx, [lógica] que políticos e intelectuales de los dos lados se esforzaran por establecer"* (Terrell Carver)[1]. Fue así, hasta el punto de que las controversias posteriores adquirían categoría de verdad revelada y de desviaciones heréticas, según el bando en litigio. Leninismo -sin más-, Estalinismo, Trotskismo, Maoísmo, etc., iban adquiriendo categoría de corrientes teológicas, cada una de las cuales se auto referenciaba como la auténtica, pero, **todas alejadas por igual del carácter creativo y dialectico, empírico e ilustrado, emancipador y humanista del pensamiento de Marx.**

El proceso endogámico, de degradación moral y de devaluación intelectual, era tan grande que cuando en la segunda mitad de la década de los cincuenta, el XX Congreso de PCUS aborda autocríticamente la etapa estalinista, en lugar de servir para

---

1 BERLIN, Isaiah (1939); *Karl Marx*; Thornton Butterworth; Londres. Versión en español: '*Karl Marx*'; Alianza Editorial, 1973. Segunda Reimpresión 2021. Posfacio de Terrell Carvel. Página 312

liberar el marxismo del doctrinarismo, tal como pensaran *Gyorgy Lukács y Antonio Gramsci* unas décadas antes, el debate **solo sirvió para que el modelo soviético pasara de un totalitarismo del terror a una autocracia burocrática**. Y para que en occidente intelectuales como *Louis Althusser* y sus numerosos seguidores, al calor de la moda de la Revolución China y del proceso de descolonización, **acabaran de esquematizar más aún, si cabe, el pensamiento de Marx y haciendo casi imposible, en adelante, una mirada original del mismo.**

Una teoría ilustrada y emancipadora se había transmutado en la principal doctrina de un sistema (de países) totalitario y la mayor amenaza para la democracia en el mundo, tras el fascismo. Una teoría de carácter universalista se había transformado en la base para un nacionalismo de base esencialista (en base a la definición romántica de *Johann G. Herder* combatida por el propio Marx) que asentó modelos totalitarios y antiliberales en los nuevos Estados nacidos de la descolonización. Una teoría creativa, clave para entender la evolución de las ciencias sociales, se había convertido en el principal catecismo para jóvenes fanáticos que en su afán de superar la injusticia se volvían predicadores de un mundo igualitarista.

El periodo de la Perestroika (1985-1991) fue el último intento de reencaminar el marxismo desde el centro 'espiritual' del mismo. Su fracaso, aún pendiente de estudiar en toda su dimensión, no solo supuso el fin del modelo comunista 'marxista-leninista', sino que marcó el devalar también de la izquierda socialdemócrata no marxista. Los profundos cambios que operaron en la etapa inicial de la globalización no solo acabó con el cuerpo doctrinal del leninismo, sino que también arrastró al resto de la izquierda, porque a pesar de su distanciamiento con el pensamiento de Marx, está no es entendible sin él.

Ahora que ya no caben revisiones del marxismo dentro de la lógica corporativa asentada desde El programa de *Ghota (1875)*, como pecado original de la izquierda obrera y socialdemócrata; y la lógica doctrinaria consolidada tras la muerte de Marx (1883); cabe al menos **pensar un nuevo horizonte emancipador que salvaguarde los principios ilustrados, modernos, democráticos, empíricos y dialecticos** que movieron las ideas de uno de los pensadores más creativos a la hora de interpretar el mundo.

Al igual que muchos jóvenes, para mí, las ideas de Marx tuvieron un poderoso atractivo, hasta el punto que me apliqué en leer con devoción muchísimas páginas de sus obras. A pesar de ello, como indicaba antes, mi aproximación lectora no me facilito tener un entendimiento completo de una obra tan poliédrica y con tantas posibilidades.

Solamente con el tiempo, entendiendo mejor **el contexto histórico, las tensiones políticas de su tiempo, las contradicciones constructivas de su obra**, empecé a entender mejor a Marx. Mi interés por el pensamiento del intelectual alemán ha sido una constante en mi vida por diferentes circunstancias, pero en los últimos años fui (re) visitando su obra, no ya con una actitud militante, sino con una determinación epistemológica. La evolución de mi interés podría expresarse en algo así como: a medida que me aparto del marxismo como doctrina cerrada más crece mi admiración por la obra y las circunstancias vitales de Marx.

Durante meses - en realidad años – he ido trabajando en un estudio, muchas veces postergado, sobre una revisión crítica acerca de la obra de Marx. Trabajo que no es más que un primer acercamiento a una parte ínfima de una apuesta filosófica, no solo de elaboración intelectual sino fundamentalmente de intervención guiada por uno claro enfoque humanista, como es la obra de Marx.

Se trata de un trabajo que, partiendo de la obra de Marx (y, complementariamente, de Engels), así como de escritos de otros autores que la interpretaron completándola, en caso alguno muy singular; y también, en la mayoría de los autores, esquematizándola y eliminándole sus aspectos más novedosos como anticipador de lo que hoy configuran las ciencias sociales, tanto en su metodología (empirismo de base materialista) como en su epistemología (dialéctica con incidencia del sujeto social).

El presente trabajo quiere servir para animar a otras reflexiones que faciliten sacar al marxismo de la ciénaga doctrinaria en la que se encuentra y rescatarlo para el lugar de privilegio que le corresponde en el pensamiento universal, reivindicando la atemporalidad del pensamiento de Marx más allá de la vigencia, o acierto o no, de algunas de sus propuestas.

El objetivo, no sería, pues, rehabilitar sus proposiciones – algunas hoy simplemente superadas por el tiempo – sino su recuperación como pensador, para sacarlo del mausoleo en la que, fundamentalmente los que dicen ser sus seguidores, lo tienen enterrado.

Más allá de la sucesión de acontecimientos que en los últimos 150 años se han llevado a cabo en su nombre, **Marx es un pensador de la 'tradición' occidental** y, como afirma *Hannah Arendt, "La línea que va de Aristóteles a Marx muestra a la vez menos rupturas y mucho menos decisivas que la línea que va de Marx a Stalin"*[2], pasando entremedias por el primer movimiento socialdemócrata y por el bolchevismo y las diferentes corrientes surgidas de ambos.

Marx contó desde el primer momento con un grupo de amigos y seguidores que lo apoyaron incondicionalmente, pero la contienda política contra sus 'enemigos' - los ensimismados hegelianos, los radicales *burgueses, Proudhon, Bakunin, Lassalle, ... -*, fue clave para definir sus concepciones y fijar su pensamiento.

---

2 ARENDT, Hannah (1957);Karl Marx and the tradition of Western Political Thought; Versión en español: Karl Marx y la tradición del pensamiento político occidental; Editorial Encuentro, 2007. Página 17

Su trayectoria intelectual cuando se centra en la investigación social, nos revela **una gran capacidad para describir su tiempo, anticipar desarrollos posteriores y fijar métodos de análisis muy potentes**. Su trayectoria política cuando se obliga a tener que fijar un relato que permita construir un movimiento, acude, muchas veces, a un voluntarismo, contrario a su propio pensamiento; viéndose en la necesidad de justificar episodios, aun a sabiendas de sus debilidades, tal como ocurrió con su apoyo, incomprensible, a la locura de la Comuna de París, que a la prostre se convertiría en la tumba de la AIT (su gran y mejor creación a la que dedico durante años un trabajo artesanal y minucioso al detalle).

Como sitúa Isaiah Berlin que, por derecho, se ha convertido en el gran biógrafo de Marx, este *"al alterar la opinión hasta entonces dominante de la relación del individuo con su entorno y con sus semejantes, alteró palpablemente esa misma relación; y, en consecuencia, constituye la más poderosa de las fuerzas intelectuales que hoy transforman permanentemente el modo en que los hombres obran y piensan"*[3].

3 BERLIN, Isaiah (1939); *Karl Marx*; Thornton Butterworth; Londres. Versión en español: '*Karl Marx*'; Alianza Editorial, 1973. Segunda Reimpresión 2021. Página 300

Capítulo 02
El marxismo en la encrucijada

"La línea que va de Aristóteles a Marx muestra a la vez menos rupturas y mucho menos decisivas que la línea que va de Marx a Stalin"

Hannah Arendt

La obra de Karl Marx y Friederich Engels bien podría formar parte de eso que la UNESCO dio en llamar **'Patrimonio Cultural Inmaterial de la humanidad'** no solo por su calidad intelectual sino por su dimensión humana.

Sin duda, hay un antes y un después en la historia del pensamiento y en la historia de la humanidad después de la creación de estos genios.

Estamos, sin duda, ante dos autores con un pensamiento moderno, intelectualmente elevado y coherente, y a su vez poliédrico y complejo, lamentablemente distorsionado y amputado en sus elementos centrales, bien, por desconocimiento de sus seguidores y/o, bien, por ocultación o manipulación de sus detractores.

Con la obra de K. Marx y F. Engels seguramente nos encontremos con una de las obras más vastas en cuanto a volumen, pero, y eso es lo más interesante, una de las que más ha influenciado en el recorrer histórico de la humanidad en los últimos tiempos, en especial en la segunda mitad del siglo XIX y en la primera mitad del siglo XX.

Se trata de una obra coparticipada por dos autores que prácticamente trabajaron en equipo, incluso en el caso de Engels ejerció de editor y productor literario de varias obras póstumas de su colega, donde se da un nivel de compenetración tal que incluso llega a firmar uno en el nombre de otro. En el aspecto filosófico y en el aspecto científico de dichos autores, más allá de su parte propositiva o política, más manipulada y menos rica, encontramos elementos de gran reflexión humanística y de anticipación de muchos de los aspectos que la propia física de la complejidad ha demostrado un siglo después.

En cualquiera caso, y más allá de los aciertos o de los errores a la hora de analizar el funcionamiento del capitalismo y la búsqueda de alternativas al mismo - no debemos olvidar el carácter de activistas revolucionarios de ambos -, la obra de Marx y Engels está movida por dos grandes impulsos:

Un primer impulso que tiene su raíz en el pensamiento de la ilustración (modernidad), tanto filosófico cómo político. No debemos olvidar que Marx es un conocedor de las diferentes corrientes filosóficas ilustradas, el liberalismo político y el empirismo anglosajón y el pensamiento racionalista continental europeo. En la dialéctica hegeliana está el núcleo central para su análisis del mundo.

Un segundo impulso que bebe de las transformaciones que, en el campo de las ciencias, especialmente en la física y en la biología, **se están dando en el ecuador del siglo XIX**. Durante su larga e intensa trayectoria existe una permanente idea de trasladar al campo del análisis social los principios y mecanismos que se está comprobando en los campos de las ciencias naturales. El propio Marx en una carta dirigida a Engels, fechada en diciembre de 1860, comparte con su colega y amigo su excitación después de leer el libro de Charles Darwin La evolución de las especies:

"Pese a la falta de finura, muy inglesa, en el desarrollo, en este libro se muestra el fundamento histórico-natural de nuestra idea"[4]

Pero entonces, ¿cómo es posible que una obra ilustrada, de raíces liberales, hubiera acabado por convertirse a partir de la primera mitad del siglo XX en una teoría conformativa de un modelo totalitario antiliberal? Como se explica, ¿que una vasta obra poliédrica en el que en el núcleo central está la dialéctica [hegeliana] hubiera acabado reducida a un recetario de dogmas simples mecanicistas incompatibles con las dinámicas de la sociedad y de la naturaleza? ¿Cómo pudo ocurrir que un potente pensamiento de una complejidad y una dimensión casi inabarcable para muchos intelectos hubiera podido tornarse en un manual simplista - plasmado en diferentes catecismos doctrinarios[5] - al servicio de una causa totalmente en las antípodas de su pensamiento?

Seguramente tiene mucho que ver, en primer lugar, con el propio contexto en el que se va elaborando la propuesta marxista y su carácter praxis-ontológica de la misma.

En la XIª de las tesis sobre Feuerbach, Marx y Engels ponen boca abajo el objetivo último de la filosofía (*"los filósofos no han hecho más que interpretar de diversas*

---

4 *MARX ENGELS WERKE (Marx Engels Obra) (MEW) Tomo 30. En páginas 130-131*

5 Los compendios doctrinales de 'marxismo-leninismo' editados por la editorial progreso de la URSS son los más numerosos, pero sin duda en buena parte de la juventud occidental, durante los años 70 y 80 del siglo XX, tuvieron una gran influencia 'catecismos' como *Los conceptos fundamentales del Materialismo Histórico* de Marta Harnecker, *El Libro Rojo* de Mao Tse Tung, o *El Diario del Che Guevara en Bolivia.*

maneras el mundo, pero del que se trata es de transformarlo"[6]) Esta reconocible declaración de principios supone el nacimiento de la filosofía de la praxis[7], pero lleva consigo abrir un marco epistemológico 'de combate' al alcance interpretativo de cualquiera.

A partir de aquí el pensamiento de Marx y Engels va a estar muy ligado al punto disruptivo que vive Europa, en el auge de las contradicciones dentro del nuevo Tercer Estado; entre la burguesía, que se va asentando en la cúspide de la nueva pirámide social, y el resto de trabajadores, que viven en unas condiciones vitales penosas y sin instrumentos de intermediación en los nuevos poderes que se van afianzado.

La evolución del movimiento obrero y socialdemócrata, sobre todo a partir de la muerte de Marx, va a estar condicionada fundamentalmente por las dinámicas de los contingentes rusos con una tradición democrática inexistente y con una penetración menor de las ideas ilustradas, más presentes en el mundo francés, alemán y anglosajón.

La muerte de Engels, que desde la muerte de Marx ejerció de su albacea, provoca una ruptura en el movimiento socialista que se va ensanchando y donde son los rusos, y los sectores más radicalizados y doctrinarios, los que van a hacer el trabajo de compilación y categorización del marxismo frente a sectores más laicos de la socialdemocracia alemana y el laborismo anglosajón. En países como Italia e España la influencia marxista va a ser limitada, teniendo más presencia el pensamiento anarquista.[8]

Gueorgui Plejanov tuvo una grande relevancia no sólo en la extensión del marxismo en Rusia sino en la 'escolástica' que alrededor del marxismo más radical fue extendiéndose al conjunto de los seguidores de las ideas de Marx y Engels. Plejanov, inicialmente anarquista y con poco manejo de los aspectos más creativos del pensamiento de Marx, es el creador de las categorías de materialismo dialéctico y materialismo histórico, insuficientes para categorizar en toda su extensión dicho pensamiento. Además de mentor de Vladimir Lenin y quien con la alianza entre ambos posibilitaría el giro de la socialdemocracia rusa - en el II Congreso del POSDR en 1903 - hacia posiciones más maximalistas, sectarias y doctrinarias.

La revolución bolchevique y el constructor leninista en sus diferentes variantes - trotskista, estalinista y maoístas, o hasta llegar, posteriormente, a toda una serie de

---

6 MARX, Karl (1845); *Thesen über Feuerbach*; Versión española: *Tesis sobre Feuerbach* en 'Obras Escogidas. Tomo I'; Editorial Progreso; Moscú, 1981; Tesis 11; en página 10

7 El concepto Filosofía de la Praxis fue acuñado por el filósofo italiano Antonio Labriola y después, con una mayor amplitud, desarrollado por Antonio Gramsci

8 El economista e historiador Gabriel Tortella defiende esta tesis a propósito de la influencia del pensamiento marxista en el PSOE en el artículo Trocando a Karl por Groucho, publicado en el periódico El Mundo (España) en su edición impresa del 26/12/2022

movimientos de 'nueva izquierda' populista - no ayudaron tampoco a reconducir esa situación, disociando para siempre jamás democracia y revolución y consolidando, finalmente, esa versión de marxismo en el mundo durante el período de entreguerras.

18   Las pocas voces críticas dispuestas a combatir la deriva mecanicista y totalitaria, *Rosa Luxemburg* y *Antonio Gramsci*, que por predicamento en el movimiento comunista y capacidad intelectual habrían podido ser importantes para reorientar este rumbo tuvieron, desafortunadamente, vidas muy pronto truncadas. Las pocas voces autorizadas que se atrevieron en la URSS a combatir la desviación acabaron con sus vidas en pelotones de fusilamiento o en Gulags. Entretanto en occidente el movimiento socialdemócrata de carácter liberal y reformista se iba distanciando del marxismo para salvaguardar unas democracias hostigadas por el fascismo.

Después de la II guerra mundial el ya oficial 'marxismo [guion] leninismo' se asienta como corriente de pensamiento en países subdesarrollados en cuanto a fuerzas productivas y con estructuras de poder dominadas por autocracias - China, Birmania, Vietnam, Kampuchea, ... -. Además, el movimiento de descolonización que opera en el Tercer Mundo durante los años siguientes a la II Guerra Mundial van a estar dominados por esa visión 'marxista' totalitaria que se combina con una visión nacional etnicista.

Los movimientos anticolonialistas y los gobiernos post coloniales del Sur apostarán en su momento fundacional por el modelo *'nación-genio'* (Herder, 1774) - de carácter romántico y etnicista, que bebe del idealismo hegeliano y de la tradición imperial prusiana -. y no por el modelo *'nación-contrato'* (Sieyès, 1789) - de carácter ciudadano y nacido al calor de la Revolución francesa para combatir los privilegios y el absolutismo; tal como expone *Alain Finkielkraut*:

> *"Entre los dos modelos europeos de nación, el Tercer Mundo ha elegido masivamente el peor. Y lo hace con la bendición activa de los intelectuales occidentales"*[9]

Únicamente durante la Perestroika (1985-1991) se va a dar un intento, fracasado, de rehabilitación de un marxismo ilustrado y democrático. Fue quizás *Alecsandr Yakolev*, uno de los principales arquitectos de la Perestroika y uno de los intelectuales más brillantes del equipo de *Mijail Gorbachov*, quien, en un breve ensayo coincidiendo con el bicentenario de la revolución francesa, expone con una gran lucidez las contradicciones en ese terreno:

> *"La revolución, que unió las ideas del humanismo y la justicia y los principios de la democracia y la soberanía popular, echó los cimientos de la actual conciencia jurídica, la cultura política, que son el elemento aglutinador del mundo civilizado, conservando su diversidad étnica, social y cultural.*

---

9 FINKIELKRAUT, Alain (1987); '*La défaite de la pensée*'; versión en español: *La derrota del pensamiento*, Editorial Anagrama; Barcelona 1987. En página 78

La Revolución Francesa formuló ante la humanidad muchos interrogantes que, al parecer, son de carácter eterno. Así es el problema de los derechos del hombre o el problema de qué es el hombre en la sociedad de otros seres humanos (...)

La Declaración de los derechos del hombre y del ciudadano proclamó el principio de la separación de poderes, la responsabilidad y el deber de los funcionarios de rendir cuentas al pueblo. Refrendó las garantías de los derechos del individuo y los principios de la legalidad, incluida la presunción de inocencia. (...)

La incipiente clase burguesa creó un documento de tal impacto y de tal contenido, que rebasaba largamente los límites de los intereses de una sola clase, encarnando los imperativos morales y jurídicos universales del hombre. Y a través de su contenido entraba en contacto con los intereses de las fuerzas sociales progresistas de las épocas venideras.

Preguntémonos: ¿cuál de estos postulados no puede aplicarse, no puede aceptarse en las condiciones de la sociedad socialista?, ¿cuál de ellos no es válido para el socialismo?, y ¿tenemos motivos como para suponer que a fines del siglo XX estos principios y normas universales han triunfado?

Como demostraron dos siglos de historia, estos postulados son universales e imperecederos."[10]

El fracaso de la Perestroika deja, no obstante, una importante literatura social y de análisis sociológico sobre un brillante esfuerzo intelectual de un grupo de líderes formados originariamente en el leninismo pero que pretendieron [re]inventar el socialismo marxista de carácter democrático.

Durante mucho tiempo la visión que en Europa se tenía del pensamiento de Aristóteles estuvo condicionado por el escolasticismo. Durante la edad Media la influencia de Aristóteles tenía como puerta de penetración el mundo islámico. Su atracción llegó hasta tal punto de convertirse en problemático frente a un neoplatonismo construido desde los escritos de Agustino de Hipona *(filosofía patrística)*. Va a ser la filosofía escolástica, por medio de autores como Tommaso d'Aquino *(Summa theologica, 1265-1274)*, quienes se encargan de reconstruir el ideario aristotélico para sumergir la potente filosofía del pensador griego en la lógica doctrinaria de la teología cristiana, neutralizándola.

El conocimiento que se tenía de Aristóteles estaba contaminado por su manipulación y por el doctrinarismo. Solo a partir de finales del medievo y de pensadores como *Guillerme de Ockam* la filosofía empieza a liberarse del control de la teología y

---

10 Discurso de Alecsandr Yakolev en la sesión solemne de representantes de los círculos sociales soviéticos en Moscú el 11 de julio de 1989. YAKOLEV, ALECSANDR (1989): *La gran revolución francesa y la contemporaneidad*; Editorial de la Agencia de prensa Nóvosti; páginas 7-8

abre el campo para nuevas interpretaciones que acaban con el dominio intelectual y académico del catolicismo.

Hoy, igualmente, para la filosofía en general y para los marxistas en particular, existe la necesidad de rescatar las ideas de Marx y Engels de la interpretación sectaria y mecanicista que desde el marxismo de tradición rusa y, en última instancia, desde Lenin se fue asentando.

Desdoctrinar el marxismo, tarea nada fácil, es necesaria por justicia con sus dos creadores y para liberar su pensamiento del mecanicismo (anti dialéctico) y reconciliar su praxis con la mirada democrática y de la modernidad.

En cualquier caso, cualquier trabajo que aborde un acercamiento, total o parcial, a las fuentes filosóficas del marxismo y su edición es una tarea compleja y a fe que siempre e inevitablemente parcial y limitada.

Capítulo 03
Una vida entre el analisis (importante) y el activismo (urgente)

"Marx estaba orgulloso de Engels"

Paul Lafargue

Es muy difícil encontrar una relación humana e intelectual tan intensa y estrecha de dos personalidades tan fuertes como Marx y Engels. Ni tan siquiera la amistad idealizada de *Michel de Montaigne* con su alter ego *Etienne de la Boétie* supera a esta.

Los borradores del II y III Tomo de *'Das Kapital'* nunca hubieran visto la luz sin el trabajo de Engels a posteriori de la muerte de Marx. Engels pudo haber llevado la gloria de la redacción de esta obra inmensa, pero apostó por otorgarle a su amigo la condición de autor de esta grandísima obra.

"El proletariado europeo puede decir que su ciencia fue creada por dos sabios y luchadores cuyas relaciones mutuas superan a todas las leyendas antiguas más emocionantes sobre la amistad humana. Engels siempre, y en general con toda justicia, se relega a Marx. 'Al lado de Marx -escribió en una ocasión a un viejo amigo suyo - me correspondió el papel de segundo violín'. Su cariño a Marx, mientras este vivió, y su veneración a la memoria del amigo muerto fueron infinitos. Engels, luchador inflexible y pensador severo, era un hombre de una gran ternura."[11]

De Berlín a París (1841-1843): La asfixiante presencia de Hegel

Karl Marx inicio sus estudios superiores en Derecho en la Universidad de Bonn, pero los dejó para estudiar Filosofía en Berlín. Se doctoró en 1841 en Jena con una tesis titulada *'Diferencia entre la filosofía de la naturaleza de Demócrito y la de Epicuro'*.

---

11 Lenin V.I., 'Las tres fuentes y las tres partes integrantes del marxismo'. Editorial Progreso. Moscú, 1974. (edición española). Obra: 'Federico Engels'. En página 59

Dos años después se casó con su amor de adolescencia, Jenny Von Westphalen. La diferencia de clase - él hijo de abogado judío de clase media y ella hija de una familia aristócrata prusiana - no impidieron un amor inmenso en medio de las dificultades derivadas de la pobreza material y de las enfermedades de ambos.

"La esposa de Marx fue su colaboradora durante toda su vida, en el más verdadero y pleno sentido de la palabra. Se conocían de niños y habían crecido juntos. (...)

Murió poco antes que su marido. Nadie tenía más sentido de la igualdad que ella, aunque nació y se crio en el seno de una familia aristócrata alemana. Recibía a los trabajadores, vestidos con sus ropas de trabajo, en su casa y en su mesa con la misma cortesía y consideración que si fueran duques o príncipes. Muchos trabajadores de distintos países disfrutaron de su hospitalidad y estoy convencido que ninguno de ellos imaginó siquiera que aquella mujer que los recibía con una cordialidad tan hogareña y sincera descendía, por la línea materna, de la familia de los duques de Argyll y su hermano era ministro del rey de Prusia. Esto no le importaba, había renunciado a todo para seguir a su Karl, y nunca, ni siquiera en las épocas de tremenda necesidad, lamentó haberlo hecho.

Tenía un cerebro claro y brillante. Sus cartas a los amigos, escritas sin restricciones ni esfuerzo, son logros magistrales de un pensamiento vigoroso y original.

Marx tenía tanto respeto por la inteligencia y el sentido crítico de su mujer que le mostraba todos sus manuscritos y le daba importancia su opinión."[12]

Sus primeros pasos reflexivos estarían dominados por la omnipresencia que el pensamiento de Hegel tenía en la sociedad prusiana de la época. Las lecturas materialistas de Feuerbach, tuvieron un efecto catártico en un Marx aún idealista y dogmáticamente hegeliano.

"La Idea hegeliana había acabado por ser una expresión sin significado alguno, y ahora le parecía que Hegel había erigido un sistema especioso de palabras sobre palabras, un sistema que su generación, armada con el valioso método hegeliano, tenía el deber de remplazar por símbolos que denotaran en las relaciones empíricas observables entre ellos objetos reales en el tiempo y en el espacio"[13]

Marx empezará a evolucionar y aunque *"era un idealista disidente, aún era idealista".*[14]

---

12 LAFARGUE, Paul (1890-1891); recuerdos de Marx (publicado originalmente en Die Neue Zeit, Vol. I.) En FROMM, Erich (1961); *Marx y su concepto del hombre;* Fondo da Cultura Económica; México; en página 135

13 BERLIN, Isaiah (1939); Karl Marx; Thornton Butterworth; Londres. Versión en español: 'Karl Marx'; Alianza Editorial, 1973. Segunda Reimpresión 2021. En página 110

14 Idem BERLIN, Isaiah (1939). En página 110

Al mismo tiempo, Marx pronto se implicó en la elaboración de trabajos alrededor de la realidad social, colaborando en 1842 junto con Bruno Bauer en la edición de la Gaceta Renana (Rheinische Zeitung), publicación de la que pronto llegó a ser redactor jefe. Durante este período también frecuentó la tertulia filosófica de los Libres (Die Freien). La publicación finalmente sería intervenida por la censura, y posteriormente, Marx tuvo que marchar al exilio. En realidad, a Marx lo que más le asfixiaba de Prusia no era su autocracia sino la inconsistencia de la intelectualidad opositora.

> *"Sus antiguos camaradas de Berlín le parecían ahora una colección de saltimbanquis intelectuales deseosos de encubrir la pobreza y confusión de su pensamiento con un lenguaje violento y una vida escandalosa. Siempre detestó con peculiar pasión dos fenómenos: la vida desordenada y el despliegue histriónico. Le parecía que la vida bohemia y la deliberada mofa de las convenciones no era más que un filisteísmo invertido que subrayaba y rendía homenaje a esas mismas virtudes falsas mediante la exagerada protesta contra ellas y que, por lo tanto, exhibía la misma fundamental vulgaridad"*[15]

En París encontró el ambiente luminoso y optimista que no fue capaz de encontrar en Prusia. La vida y obra posterior de Marx está íntimamente ligada a su colega y amigo incondicional Engels, que conoce en la capital de Francia.

Paris/Bruselas 1844- 1848: El tándem Marx-Engels y los años de la libertad

Marx junto a *Arnold Ruge* funda en París la revista Anales franco-alemanes (*Deutsch-französische Jahrbücher*), de la que fue director, aunque durante poco tiempo ya que el gobierno francés la cierra por presión del gobierno prusiano. En 1844, en París, Marx y Engels, traban una amistad y colaboración que durará hasta la muerte de Marx, firmando las primeras obras de su pensamiento.

Friedrich Engels, amigo y colaborador de Marx, fue coautor con él de obras fundamentales para el nacimiento de los movimientos socialista, comunista y sindical, y dirigente político de la Primera y de la Segunda Internacional.

Nació en una familia burguesa, acomodada, conservadora y religiosa, propietaria de fábricas textiles y vitivinícolas. Con todo, desde su paso por la Universidad de Berlín (1841-1842) se interesó por los movimientos revolucionarios de la época: se relacionó con los hegelianos de izquierda. Enviado a Inglaterra al frente de los negocios familiares, conoció las míseras condiciones de vida de los trabajadores de la primera potencia industrial del mundo; más tarde plasmaría sus observaciones en su libro *'La situación de la clase obrera en Inglaterra'* (1845).

---

15 Idem BERLIM; Isaiah (1939). En página 111

En 1844 se adhirió definitivamente al socialismo y estableció una duradera amistad con Marx. En adelante, ambos pensadores colaborarían estrechamente, publicando y firmando juntos la mayoría de las obras nucleares del pensamiento marxiano. Aunque corresponde a Marx el mayor trabajo intelectual, su influencia fue clave en el acercamiento al conocimiento del movimiento obrero inglés y el interés por la crítica de la teoría económica clásica (claves para su análisis sobre el capitalismo). Fue también él quien, gracias a la desahogada situación económica de la que disfrutaba como empresario, acercó a Marx la ayuda económica necesaria para mantenerse y escribir, e incluso editor y publicó los dos últimos tomos del *'Das Kapital'* tras la muerte de su amigo.

En esta época también habían conocido en Francia a otros importantes pensadores socialistas de la época tales como *Pierre-Joseph Proudhon, Louis Blanc y Mijaíl Bakunin y al poeta alemán Heinrich Heine.* El peso político de los artículos periodísticos de Marx le hizo ganar fama de revolucionario, lo que provocó su expulsión de Francia (1845)

Establecidos, Marx y Engels, en Bruselas, fundan la Liga de los Comunistas, tras lo cual se declaran apátridas, ateos y revolucionarios. Tras el período revolucionario de 1848 y la publicación del Manifiesto del Partido Comunista, se trasladan a Colonia, donde organizan un nuevo diario, *'Nueva Gaceta Renana' (Neue Rheinische Zeitung).* La nueva publicación alcanza un éxito inmediato, en el contexto de una época de fuerte sentimiento social y compromiso revolucionario, y, en consecuencia, es prohibida por el gobierno renano. Marx y Engels volvieron a Alemania para participar en las revoluciones democráticas del 48, y Engels fue ayudante de campo de *August Willich* durante la rebelión de Baden-Palatinado. Como consecuencia del fracaso del movimiento Marx y Engels tuvieron que exiliarse en Londres.

Londres (1849-1883): De los años del activismo a *la importancia del análisis científico*

En Londres la actividad política de ambos se volvió incesante. No obstante Marx va a dedicarse a la escritura de una de sus obras fundamentales, 'Das Kapital', que elabora en las salas de lectura del Museo Británico. Una obra que se hace eterna. El primer volumen de 'Das Kapital' no verá la luz hasta 1867, tras dieciocho años de trabajo.

Además, participan en la fundación y organización de la Primera Internacional (28 de septiembre de 1864), conocida como la Asociación Internacional de Trabajadores (AIT), El propio Marx se encarga de la redacción del 'Llamamiento inaugural de la Internacional' y participa en la elaboración de sus Estatutos y otros documentos. Se establecerá a partir de los debates un enfrentamiento entre Marx y Bakunin, que terminará con la expulsión de este último en el Congreso de la Haya de 1872 y la salida de la Internacional de las secciones bakunistas.

Engels, mientras, regresó a Manchester, a la fábrica en la que había trabajado y de la que se convirtió en copropietario. Aunque Marx permaneció en Londres eso no les impidió mantener una estrecha colaboración, basada en una correspondencia casi diaria. Finalmente, En 1870 Engels se trasladó a Londres haciendo aún más intensa la colaboración hasta la muerte de Marx en 1883. Engels, contagiado por el trabajo reflexivo de Marx, escribió y publicó en esos años algunas de sus obras más influyentes, como 'Zur Wohnungsfrage'*(Contribución sobre el problema de la vivienda) (1869-1876)*, *'Anteil der Arbeit an der Menschwerdung des Affen' (El papel del trabajo en la transformación del mono en hombre) (1876)*, *'Anti-Dühring' (Herr Eugen Dührings Umwälzung der Wissenschaft, La revolución de la ciencia del Sr. Eugen Dühring) (1878) o 'Der Ursprung der Familie, des Privateigentums und des Staats' (El origen de la familia, la propiedad personal y el estado) (1884)*

Ademas, la derrota de la Comuna de París de 1871, significó un duro golpe para la Internacional, que entra en un proceso de decadencia, y abre una etapa en la que Marx se retirara del primer plano de la lucha política, dedicándose a la escritura de su pensamiento, y es Engels quien va a ser la parte activista del tándem.

Tras la muerte de Marx

"El 14 de marzo, a las tres menos cuarto de la tarde, el más grande de los pensadores vivos dejó de pensar.

Una pérdida inconmensurable sufre el proletariado militante de Europa y los Estados Unidos y la ciencia histórica con la muerte de este hombre. El vacío dejado por la partida de este espirito superior pronto se sentirá.

Su nombre perdurará a través de los siglos, lo mismo que su obra"[16]

Tras la muerte de Marx, Engels se convirtió en el referente de la incipiente socialdemocracia alemana, de la Segunda Internacional y del movimiento socialista mundial, salvaguardando el legado de la ideología marxista, a la que él incluso había acercado matices relativos a la desaparición futura del Estado, a la dialéctica y a las complejas relaciones entre la infraestructura económica y las superestructuras políticas, jurídicas y culturales.

Engels se opuso al radicalismo izquierdista, pero tampoco concilió con la evolución reformista del movimiento revolucionario, reeditando la *'Crítica al programa de Gotha'* o *'Der Bürgerkrieg in Frankreich '(La guerra civil en Francia)* y finalmente publicando la *'Crítica al programa socialdemócrata (alemán) de 1891'* dando lugar así a la revisión que condujo al Programa de Erfurt, con el que sí se identificaba.

---

16 Palabras de F. Engels en el funeral de Karl Marx En FROMM, Erich (1961); *Marx y su concepto del hombre*, Fondo da Cultura Económica; México; En páginas 148-149

Capítulo 04
Relación entre la dialectica de base materialista y la física de la complejidad

*"Aquel que entienda al babuino contribuirá
a la metafísica más que John Locke"*

Charles Darwin

En la mitad del siglo XIX, *Karl Marx*, junto con *Friedrich Engels*, esboza en sus obras *Thesen über Feuerbach (Tesis sobre Feuerbach)*(1845) y *Die Deutsche ideologie (La ideología alemana)* (1845-1846) una nueva concepción de la dialéctica.[17]

Más allá de lo que esto supuso en términos sociales y políticos (por medio de su prolongación como materialismo histórico en terminología acuñada por el marxista ruso Plejanov[18]) estamos delante de un modelo de pensamiento de carácter materialista - donde la materia configura la idea -, una filosofía de carácter naturalista, que basa su anclaje en la razón y que - al igual que las ciencias naturales formula una metodología empírica para avanzar en sus conclusiones.

Pero a diferencia del materialismo anterior, este 'nuevo' materialismo se configura incorporando la dialéctica como herramienta de comprensión de la realidad. Marx y Engels, encuadrados inicialmente en la izquierda hegeliana, lo que hacen es 'poner del revés' la dialéctica propuesta por Hegel utilizándola al servicio de una filosofía de base materialista en lugar de idealista.

Pero la filosofía marxista no surge al margen de la evolución del pensamiento filosófico universal. Hereda las mejores conquistas de la filosofía precedente, las estudia

---

17 Aunque Die Deutsche ideologie (la ideología alemana) fue redactada en el mismo momento que Thesen *über Feuerbach (Tesis sobre Feuerbach)*, *y ambas inauguran el cuerpo filosófico de Marx y Engels, el primer texto no fue publicado hasta 1932 por el Instituto de Marxismo-Leninismo de la URSS.*

18 Es importante destacar que en ninguna de las obras de Marx o Engels aparecen los términos Materialismo Dialéctico y/o Materialismo Histórico, acuñados por vez primera por el pensador ruso Georgi Plejanov en su obra 'La concepción monista de la historia'

con un criterio crítico para que se convierta en base para una práctica 'revoluciona-ria' (*"los filósofos no hicieron más que transformar el mundo del que se trata es de transformarlo"[19]*) y teniendo como referencia clave los jovencísimos descubrimien-tos científicos que durante el siglo XIX elevan el pensamiento científico a un nuevo y decisivo estadio.

La historia de la filosofía muestra cómo nació y se desarrolla la concepción científica, dialéctico-materialista, del mundo en el debate cultural y permanente entre el mate-rialismo y el idealismo, entre la dialéctica y el mecanicismo.

Los avances de la ciencia y los avances del pensamiento humano están relacionados dialécticamente, esto es se retroalimentan y se impulsan. A su vez, desde una ópti-ca marxiana, estos avances responden a avances tecnológicos y económicos, que impulsan avances nuevamente en la ciencia y en el pensamiento y que llegados a un estadio de desarrollo obligan a modificar las estructuras sociales y políticas.

Así es normal que, debido a los limitados avances de la ciencia, la visión idealista del mundo había dominado sobre el pensamiento materialista durante mucho tiempo. No obstante, desde las primeras corrientes filosóficas el debate materialismo versus idealismo (*Demócrito* versus *Platón*) va a estar presente, ligado al modelo de socie-dad y también ligado a un modo de interpretar el mundo y de abordar la interpreta-ción científico-cultural. La ciencia es, en ese sentido, heredera de la teoría 'atomista' de los pensadores de la escuela de Mileto que no del mito de la caverna del 'Timeo' donde el demiurgo juega un papel central.

La fragilidad de la base material de la economía, junto con la extensión de la cultura cristiana y de la escuela 'escolástica' van a impedir durante prácticamente todo el feudalismo que se puedan producir avances destacados en las ciencias y tampoco por correlación en el pensamiento filosófico.

Va a ser con las nuevas formas de producción y comercialización, donde se pro-ducen avances en la tecnología que van a permitir un nuevo florecimiento de las corrientes materialistas ligadas la razón, impulsadas por una incipiente burguesía emergente que actúa como la clase con más dinamismo en los centros más desa-rrollados de Europa.

 Pero este nuevo materialismo va a estar condicionado por la física newtoniana. Se trata de un materialismo mecanicista que, para explicar el mundo, el hombre y el uni-verso lo hace desde una óptica mecánica pues las maquinas existentes en aquella época son mecánicas.

Se trata de una filosofía simple porque simple es el pensamiento físico de la época.

---

19 MARX, Karl (1845); *Thesen über Feuerbach*; Versión española: *Tesis sobre Feuerbach* en 'Obras Escogidas. Tomo I'; Editorial Progreso; Moscu, 1981; Tesis 11; en página 10

La ilustración y la revolución francesa serán impulsos decisivos para el avance que en el pensamiento y en la ciencia se van a dar durante el siglo XIX.

El pensamiento empírico y dialéctico, de base materialista, de Marx y Engels serían impensables si no se hubieran producido durante la mitad del siglo XIX tres descubrimientos claves para el avance del materialismo. En la química el establecimiento del sistema celular común a todos los ser vivos[20] (*Schleiden* y *Schwann* 1839) y el descubrimiento del ADN[21] (*Miescher* 1869). En la física la termodinámica en cuanto a transformación de la energía[22] (*Carnot* 1824) o en cuanto a su irreversibilidad[23] (*Clausius* y *Kelvin-Plank* 1850-1865) y en la biología la selección natural como elemento central del evolucionismo[24] (*Darwin* 1838).

Pero lo que más nos puede sorprender es como el pensamiento filosófico de Marx y Engels anticiparon algunos de los aspectos que posteriormente las ciencias naturales en general y la física en particular demostraron.

La evolución de la Termodinámica, la aparición de la Mecánica Cuántica y posteriormente la sistematización formulada por la Teoría General de Sistemas, avalan las categorías centrales del pensamiento filosófico, y de los mecanismos de la sociología de la historia, de Marx y Engels (obviamente quedan al margen las propuestas de modelo económico y social formulado por ellos y mucho menos las recetas políticas de algunas corrientes seguidoras de los mismos que en muchos casos chocan con las leyes de la física e incluso entran en contradicción con muchos de los análisis de Marx y Engels).

La dialéctica parte del principio de la 'unidad y la lucha de contrarios', esto es que se quiebra con el dualismo existente en general en la filosofía hasta ese momento, se formula que en cada instancia esta su contraria y que solo en su interacción se influyen recíprocamente, modificándose parcialmente.

¿No es esta acaso la base de la 'ley cero de la termodinámica' o de la propiedad 'de la retroalimentación'?

---

20 Definición de la Teoría Celular (1839) a partir del análisis de la estructura celular de las plantas hecha por el botánico alemán Matthias Schleiden y La concordancia de estructuras en animales y plantas que observara el fisiólogo alemán Theodor Schwann.

21 El descubrimiento del ADN, aislado por primera vez por el médico suizo Friedrich Miescher en 1869, supuso una revolución en el conocimiento de la estructura genética de los seres vivos.

22 La 1ª ley de la termodinámica enunciada por Nicolas Carnot en 1824 apunta a la conservación de la energía.

23 La 2ª ley de la termodinámica enunciada por Rudolf Clausius y por William Thomson [Kelvin-Plank] en 1850 e 1865 apunta a la irreversibilidad, el aumento de la energía y al principio de entropía.

24 Charles Darwin formulo su teoría de la selección natural (1838). La publicación de su obra On the Origin of Species (1859) se convirtió en un auténtico terremoto social, al que el propio Marx no fue ajeno.

La ley cero de la termodinámica nos dice que el calor puede fluir entre dos subsistemas que siguen a conservar su individualidad (contacto térmico) y además que dos cuerpos (B y C) en equilibrio térmico con un tercero (A) están también en equilibrio térmico entre sí. Se trata, pues, de una tendencia a que tienden los cuerpos en contacto o por interposición de otro, de igual manera que los contrarios en la dialéctica se interrelacionan modificándose uno al otro en una influencia mutua que consigue modificar a ambos en la búsqueda del equilibrio[25].

Por su parte los 'efectos de retroalimentación' definidos en los sistemas complejos, tanto positivos como negativos, mediante los que la conducta de los constituyentes del sistema se ve condicionada por las propias acciones del pasado, contienen una interacción evolutiva que coincide con la visión desenvolvista no lineal que formula la dialéctica hegeliana aplicada por Marx.

El segundo principio de la dialéctica formula como se hace esa influencia, ya que no se trata de una influencia mecanicista sino compleja donde frente a la situación de partida (tesis) se va desarrollando una posición contraria (antítesis) y el proceso desarrollara en un estadio superior (síntesis) superadora de las dos anteriores fruto de la interrelación y de las propias contradicciones que la tesis y la antítesis generan.

Volviendo a la física de la complejidad y a los sistemas complejos; ¿no coincide, acaso, este principio con la propiedad de 'relaciones no lineales de corto alcance'?

Esta propiedad de los sistemas complejos nos dice que *'existe transmisión de información entre vecinos próximos que se encuentran acoplados de manera no lineal, de tal modo que un estímulo puede producir un enorme efecto o ninguno'*. O sea que la suma de las partes no es igual que el resultado[26]. El resultado no es lineal sino dialéctico y la variación entre a tesis inicial y la síntesis resultante va a estar determinada por el grado de contradicción que genere a antítesis nos sus componentes.

Pero si estas tres propiedades anteriores son interesantes, es en su relación entre un pensamiento filosófico como la dialéctica de base materialista y la física de la complejidad donde la relación es especialmente interesante, en el principio de 'avances cuantitativos y el salto cualitativo'.

Primero, porque se trata del principio de la dialéctica más difícil de comprender (incluso en la práctica política de los seguidores de Marx ha servido para más de una incomprensible trifulca entre reforma o revolución - cambios cuantitativos y/o saltos cualitativos - sin entender que ambos pertenecen a un mismo proceso).

---

25 Este planteamiento lo encontramos en filosofías materialistas orientales como el taoísmo donde el Ying y el Yang representan los opuestos, pero forman parte de un todo, que se interrelacionan e influyen.

26 Una vez más la filosofía oriental nos ilustra con el denominado 'efecto mariposa' – el movimiento de las alas en una parte del planeta puede provocar un ciclón en otra – esta propiedad dialéctica.

Segundo, porque este principio entraba en contradicción con el principio de incremento de la entropía de la termodinámica, que abocaba al desarrollo de un 'universo' a una situación de muerte térmica sin posibilidad de modificación, contraria a dicho principio.

El planteamiento de los estados de emergencia, aparecida en la mecánica cuántica cómo *"nuevas propiedades que aparecen en un estadio superior no existente en el anterior"*, y después integrada en las propiedades de los sistemas complejos cómo *"propiedades y pautas de comportamiento que no están presentes en sus constituyentes, sino que emergen como resultado de las interacción de los mismos"*, son la confirmación en la naturaleza y en la ciencia del principio del 'salto cualitativo' existente en la dialéctica marxiana.

Acumulación de fuerzas, en el plano social, o eslabón de la cadena evolucionista, en la biología, o cadenas de emergencia, en la física, son en todo caso procesos semejantes y que responden a que los estadios superiores de evolución - social, física o biológica - tienen características nuevas no presentes en los anteriores estadios.

La coincidencia entre la dialéctica materialista marxiana y la física de la complejidad no predispone, obviamente, a favor o en contra del pensamiento social de Marx y Engels, pero sí avala su metodología 'científica' de interpretación y análisis.

La física no puede responder a todos los enigmas de la humanidad ya que ello nos llevaría a un 'cientifismo' determinista e idealista, alejado de su razonamiento materialista, además de poder ser cuestionado por posteriores averiguaciones científicas.

No obstante, lo que sí nos sitúa la física de la complejidad son limites por los que no deberíamos intentar deambular, salvo que nos expongamos a los imposibles que en términos sociales generarían frustración y retrocesos (sin duda uno de los principales tiene que ver con la relación entre organización política y libertad).

El pensamiento filosófico tiene margen para la intervención, pero esta no debería intentar poner en tela de juicio la 'ley de la gravedad' pues simplemente estaría abocado al fracaso.

Por el contrario, como demuestra la historia de la filosofía y de la física, cuando pensamiento y ciencia coinciden - van de la mano - existe un importante espacio de retroalimentación fructífero.

Capítulo 05
Las fuentes filosóficas y analíticas del marxismo

*"No se puede resolver un problema
con la misma clase de pensamiento que lo produjo"*

Albert Einstein

El pensamiento de Marx es un pensamiento poliédrico y complejo, aunque no por ello incoherente. No se puede diseccionar el Marx filósofo y el Marx científico, pues estas facetas están en su pensamiento ligadas como no podía ser de otro modo su propuesta política y ética.

Pero cuidado con los modelos asignados a Marx, incluidas las propias proyecciones políticas de los marxistas contemporáneos - tanto en su versión reformista como en la revolucionaria -, porque se trata uno de los autores más manipulados y descontextualizados - e incluso menos leídos directamente -, tanto por detractores como por seguidores habida cuenta además que su propuesta, fundamentalmente, fue analítica y no propositiva.

La terminología acuñada (materialismo dialéctico/materialismo histórico) tiene mucho que ver con un momento histórico donde en el debate filosófico y político tenía mucha importancia a dicotomía ciencia versus religión y esto explica su rápida propagación.

Pero esta definición al hacer hincapié en el materialismo como pilar central genera uno de los grandes problemas que el pensamiento marxiano ha tenido en su posterior evolución (convirtiéndose por la mayoría de sus seguidores en un corpus rígido y curiosamente poco 'dialéctico') y primando los aspectos metodológicos (materialismo) frente a los aspectos más epistemológicos (empirismo, dialéctica).

Una denominación más próxima al pensamiento poliédrico y científico de Marx y Engels debería estar más próximo a la de 'empirismo dialéctico'[27] o a la definición construida por Gramsci: 'filosofía de la praxis'[28].

34

Las fuentes filosóficas, económicas y políticas del pensamiento de Marx

Lenin en su obra *Три источника и три составных части марксизма (Las tres fuentes y las tres partes integrantes del marxismo) (1913)* sitúa en tres fuentes las raíces del pensamiento de Marx. *"El marxismo es el heredero legítimo del mejor que la humanidad creó en el siglo XIX: la filosofía alemana, la economía política inglesa y el socialismo francés."* [29]

Tanto Marx como Engels reciben la influencia del filósofo alemán predominante en la Alemania de aquel tiempo: Hegel. De este autor toman el método del pensamiento dialéctico, a lo que, segundo sus propias palabras de Marx, pondría sobre sus pies; significando el paso del idealismo dialéctico del espíritu como totalidad a una *"dialéctica del devenir constante"* donde la síntesis, la diferencia de Hegel, no había sido realizada. Además, el método dialéctico les servirá para analizar las contradicciones en la historia de la humanidad y, específicamente, aquella entre el capital y el trabajo.

Marx y Engels se sitúan en el debate que se produce en el seno del hegelianismo en la llamada 'izquierda hegeliana' en la que tendrá grande influencia los ideales de humanismo ateísta el filósofo y antropólogo *Ludwig Feuerbach*. Fundamentalmente tendrá una gran influencia en la obra de Marx y Engels el concepto de la alineación que utilizarán para explicar las relaciones sociales derivados de la producción.

Por otra parte, Marx y Engels son testigos de la primera gran crisis del capitalismo (década de 1830) y de las revoluciones de 1848, que les causa un gran impacto y son un contenedor de múltiples experiencias desde un punto de vista analítico. Marx se propuso desarrollar una teoría económica capaz de acercar explicaciones a la crisis, pero a la vez de interpelar al proletariado a participar en ella activamente para producir un cambio revolucionario.

El conocimiento de los economistas liberales ingleses, singularmente David Ricardo que esboza el papel del trabajo humano como factor de acumulación de valor en las mercancías, va a ser central para la interpretación de los mecanismos con los que interactúa el capital.

---

27 Término acuñado por el autor de este trabajo para alejarse del materialismo vulgar. Labriola usa el termino racionalismo dialéctico.

28 'Introducción a la filosofía de la praxis'. Antonio Gramsci. Ediciones Península. Barcelona, 1970

29 As tres fontes e as tres partes constitutivas do marxismo. V.I. Lenin. Obras escolhidas. Tomo I. Editorial Avante, Lisboa 1977. En página 35

El conocimiento de las ideas de los socialistas utópicos y de las concepciones de 'lucha de clases' va a ser también central en el pensamiento político de Marx y Engels, a la hora de elaborar una propuesta política para los trabajadores. Se trata de un conjunto heterogéneo de doctrinas de reforma social con influencia a inicios del siglo XIX como respuesta a las desigualdades que ocasionaba el libre mercado y las condiciones infrahumanas del industrialismo. Los representantes más destacados de esta corriente son *Robert Owen* en Inglaterra, y *Henri de Saint-Simon, Charles Fourier* y Étienne Cabet en Francia, tenían cómo característica común las soluciones al margen del sistema, careciendo de una estrategia de modificación estructural del mismo.

Del 'materialismo ensimismado' de Feuerbach al 'materialismo de la praxis' de Marx

No podríamos entender la base filosófica de Karl Marx sin el pensamiento materialista y su antropología ateísta de Ludwig Feuerbach.

La filosofía de Feuerbach se inicia en discusión abierta con la teología y es central para la separación 'definitiva' entre filosofía y religión [teología]. Feuerbach publica *Das Wesen des Christentums (La esencia del cristianismo) (1841)* donde sitúa los relatos bíblicos en un plano mitológico y antropológico.

En el centro, y como eje de su pensamiento, instala al ser humano, y por tanto a la antropología. Feuerbach es heredero de la tradición humanista. Así, los anhelos y las pretensiones e ideas religiosas son una característica específica del ser humano por lo que la religión quedaría inscrita en la antropología, la cual debe explicarla.

Sus concepciones fundamentales en términos de crítica a la religión, se sustentan en una visión materialista antropológica en la que Dios es un 'constructor' creado por los hombres en la búsqueda de sensaciones e ideales más sublimes.

"La esencia del hombre que lo distingue del animal no es solamente la causa, sino también el objeto de la religión. Pero la religión es la conciencia del infinito; es, por lo tanto, la conciencia que tiene el hombre, de su esencia no finita, no limitada, sino infinita. Y no puede ser otra cosa; pues una esencia verdaderamente finita no tiene ni la más remota idea, por no decir conciencia, de un ser infinito; porque el límite del ser es también el límite de la conciencia." [30]

En ese sentido para el pensamiento de Feuerbach *"Mi primer pensamiento fue Dios, el segundo fue la razón y el tercero y último, el hombre."* [31]

---

30 FEUERBACH, Ludwig (1841); Das Wesen des Christentums; Versión dixital en español 'La esencia del cristianismo; Biblioteca Libre Omega Alfa, 2018; Capítulo I; en página 14 (https://omegalfa.es/downloadfile.php?file=libros/la-esencia-del-cristianismo.pdf). Visitado por última vez el 28/02/2023

31 Fragmente zur Charakteristik meines philosophichen curriculum vitae en Gesammelte Werke X, Berlín, 1971. En página 178

Para Feuerbach el hombre realizó el mismo camino: primero creó a Dios y más tarde entendió que su conocimiento no era nada más que un escalón en el propio conocimiento del hombre.

36

"La conciencia de Dios es la conciencia que tiene el hombre de sí mismo, el conocimiento de Dios es el conocimiento que tiene el hombre de sí mismo. Conoces al hombre por el suyo Dios, y viceversa, por el suyo Dios conoces al hombre; ambas cosas son idénticas. El que para el hombre es Dios, en su espíritu y su alma; lo eres que es el espíritu del hombre, su alma, su corazón, es precisamente suyo Dios, y Dios es el interior revelado, el yo perfeccionado del hombre; la religión es la revelación solemne de los tesoros ocultos del hombre, es la confesión de sus pensamientos íntimos, la proclamación pública de sus secretos de amor." [32]

Feuerbach, al considerar a Dios una creación humana, niega su existencia, así como la de cualquiera otro dios, por lo que niega el teísmo. También niega el idealismo, que pretende suplantar el hombre real - corporal y sensible - por el 'espíritu' y la 'razón'.

Para Feuerbach, por tanto, no es Dios quien creó al hombre a su 'imagen y semejanza', sino el hombre quien creó a Dios, proyectando en él su imagen idealizada. El hombre atribuye a Dios sus propiedades y refleja en él sus deseos realizados. Así, alienándose, da origen a su divinidad.

Pero, ¿por qué lo hace? El origen de este alineamiento se encuentra en el hombre mismo. Aquello que el hombre necesita y desea, pero que no puede lograr inmediatamente, es lo que proyecta en Dios. La palabra Dios tiene peso, seriedad y sentido inmanente en boca de la necesidad, la miseria y la privación. Los dioses no fueron inventados por los gobernantes o los sacerdotes, que se valen de ellos, sino por los hombres que sufren. *"Para enriquecer a Dios el hombre debe empobrecerse: para que Dios sea todo, el hombre tiene de ser un nadie."* [33]

Karl Marx retoma este concepto de alineación, pero para recrearla más allá del sentido religioso, utilizándola en la vertebración humanista amplia de sus manuscritos de 1844.

Posteriormente este concepto de alineación lo lleva más allá, opresor-oprimido en el que está vertebrada la sociedad de clases. La alienación humana no se encuentra solamente en el plano de la conciencia, sino en el plano real. Ahora el hombre se enajena en el trabajo, y para resolver esta enajenación se necesitan la modificación de las estructuras de clase vertebradoras de la sociedad.

---

32 Idem FEUERBACH, Ludwig (1841); Omega Alfa, 2018; Capitulo II. En páginas 26-27

33 Idem FEUERBACH, Ludwig (1841); Omega Alfa, 2018; Capitulo II, página 42

Marx critica el concepto de alineación de Feuerbach en tanto en cuanto esta aparece desligada del origen de la enajenación que se produce en la realidad terrenal del individuo.

> *"Feuerbach arranca de la auto enajenación religiosa, del desdoblamiento del* 37 *mundo en un mundo religioso, imaginario, y otro real. Su cometido consiste en disolver el mundo religioso, reduciendo su base terrenal. No advierte que, después de realizada esta labor, le queda por hacer la principal."* [34]

Para Marx el materialismo de Feuerbach, igual que los anteriores, está en clara desventaja con el idealismo, porque solo concibe el objeto, olvidando el papel subjetivo, la actividad sensorial humana cómo práctica.

> *"Por eso, en la 'esencia del cristianismo' [de Feuerbach] so considera la actitud teórica como la auténticamente humana, mientras que concibe y fija la práctica sólo en su forma suciamente judaica de manifestarse."* [35]

Y por eso no es capaz de entender el propio origen de la alienación.

> *"Feuerbach diluye la esencia religiosa en la esencia humana. Pero la esencia humana no es algo abstracto inherente a cada individuo. Es, en realidad, el conjunto de relaciones sociales."* [36]

Marx hace recaer en el individuo la conciencia humana cuando esta tiene un componente social que inevitablemente lleva a exponerse, a que responde y como funciona.

Para Marx no bastaría la disolución de la religión, sino que:

> *"Es en la práctica donde el hombre tiene que demostrar la verdad, es decir, la realidad y el poderío, la terrenidad de su pensamiento. El litigio sobre la realidad o irrealidad de un pensamiento que se aísla de la práctica, es un problema puramente escolástico."* [37]

Piensa que el hombre se realiza modificando la naturaleza para satisfacer sus necesidades en un proceso dialéctico en que la transformación de agente y paciente es transformación mutua. Cuando Marx habla de 'realidad' hace referencia al contexto histórico social y al mundo del hombre. Asegura que el hombre es sus relaciones sociales.

Para Marx, lo que el hombre es no puede determinarse a partir del espíritu ni de la idea sino a partir del hombre mismo, del que este es concretamente, el hombre real,

---

34 MARX, Karl (1845); Thesen über Feuerbach; Versión española: Tesis sobre Feuerbach en 'Obras Escogidas. Tomo I'; Editorial Progreso; Moscu, 1981; Tesis 4; página 8

35 Idem MARX, Karl; Obras Escogidas (1981); Tesis 1; página 7

36 Idem MARX, Karl; Obras Escogidas (1981); Tesis 6; página 9

37 Idem MARX, Karl; Obras Escogidas (1981); Tesis 2; página 7

corpóreo, en pie sobre la tierra firme. El hombre no es un ser abstracto, fuera del mundo, sino que el hombre es en el mundo, esto es en el Estado y en la Sociedad.

La libertad, la capacidad de actuar eligiendo, está limitada a las determinaciones históricas, pero es, al mismo tiempo, el motor de aquellas cuando las relaciones sociales y técnicas entran en crisis.

Dios, la Filosofía y el Estado constituyen alineaciones en el pensamiento, alienaciones dependientes de la alienación económica, considerada para Marx la única alienación real.

En líneas generales, Marx defiende la idea de que la alineación empobrece al hombre socio-histórico negándole la posibilidad de modificar aspectos de los ámbitos en los que se ve involucrado, provocándole una conciencia falsa de su realidad. Con todo, este es un hecho que puede suprimirse.

La religión no es para Marx un tema central de análisis. Su ateísmo parte de su materialismo, pero su ocupación está en la modificación de las condiciones terrenales, y no celestiales.

> *"La coincidencia de la modificación de las circunstancias y de la actividad humana so puede concebirse y entenderse racionalmente cómo práctica revolucionaria."* [38]

Para Marx cualquier visión materialista que se desligue de la actividad del hombre [en tanto grupo social] en la historia no adquiere relevancia.

> *"En la medida en que Feuerbach es materialista, se mantiene al margen de la historia, y en la medida en que toma la historia en consideración, no es materialista. Materialismo e historia aparecen completamente divorciados en él."* [39]

En *Thesen über Feuerbach (Tesis sobre Feuerbach;* 1845) además de criticar su materialismo pasivo-contemplativo, ensimismado, y su disociación con la actividad social y política del hombre en la historia; Marx elabora el que será, según Engels, *"el primer documento en el que se contiene el germen inicial de la nueva concepción del mundo."* [40]

---

38 Idem MARX, Karl; Obras Escogidas (1981); Tesis 3; página 8

39 MARX, Karl & ENGELS Friedrich (1846); *Die Deutsche ideologie* Versión española: Feuerbach: oposición entre las concepciones materialista e idealista (Capitulo de La ideología alemana) en 'Obras Escogidas. Tomo I'; Editorial Progreso; Moscu, 1981; página 26

40 MARX, Karl & ENGELS Friedrich; 'Obras Escogidas. Tomo I'; Editorial Progreso; Moscú, 1981; Nota 1 sobre Prefacio de Ludwig Feuerbach y el fin de la filosofía clásica alemana (Engels), Página 547

El programa de Ghota: el pecado original de la socialdemocracia

El programa de Ghota (1875), llamado a guiar los pasos de la reunificada socialdemocracia alema se convirtió en una desilusión para Marx y Engels que no dudaron en criticar, de una parte, su corporativismo que aísla a los trabajadores de posibles alianzas en función de la situación real a transformar:

> *"En el* Manifiesto Comunista *se dice: 'De todas las clases que hoy se enfrentan con la burguesía, sólo el proletariado es una clase verdaderamente revolucionaria. Las demás clases van degenerando y desaparecen con el desarrollo de la gran industria; el proletariado, en cambio, es su producto más peculiar'.*

> *Aquí, se considera a la burguesía como una clase revolucionaria -- vehículo de la gran industria -- frente a los señores feudales y a las capas medias, empeñados, aquéllos y éstas, en mantener posiciones sociales que fueron creadas por formas caducas de producción. No forman, por tanto, juntamente con la burguesía, una masa reaccionaria.*

> *(...) El proletariado es revolucionario frente a la burguesía, porque surgiendo sobre la base de la gran industria, aspira a desposeer a la producción de su carácter capitalista, que la burguesía quiere perpetuar.*

> *Pero el* Manifiesto [Comunista] *añade que las 'capas medias ... se vuelven revolucionarias cuando tienen ante sí la perspectiva de su tránsito inminente al proletariado'.*

> *Por tanto, desde este punto de vista, es también absurdo decir que frente a la clase obrera 'no forman más que una masa reaccionaria', conjuntamente con la burguesía e incluso con los señores feudales.*

> *Lassalle se sabía de memoria el* Manifiesto Comunista, *como sus devotos se saben los evangelios compuestos por él. Así, pues, cuando lo falsificaba tan burdamente, no podía hacerlo más que para conciliar su alianza con los contrincantes absolutistas y feudales contra la burguesía."*[41]

Y, de otra parte, su nacionalismo, contrario a una visión global, históricamente mantenida tanto por el liberalismo político como por el movimiento obrero:

> *"Naturalmente, la clase obrera, para poder luchar, tiene que organizarse como clase en su propio país, ya que éste es la palestra inmediata de su lucha. En este sentido, su lucha de clases es nacional, no por su contenido, sino, como dice el* Manifiesto Comunista, *"por su forma". Pero "el marco del Estado nacional de hoy", por ejemplo, del imperio alemán, se halla a su vez, económicamente, "dentro*

41 MARX, Karl & ENGELS Friedrich; 'Obras Escogidas. Tomo III'; Editorial Progreso; Moscu, 1981; De *'Critica al programa de Ghota'* (Marx); en páginas 18-19

del marco" del mercado mundial, y políticamente, "dentro del marco" de un sistema de Estados. Cualquier comerciante sabe que el comercio alemán es, al mismo tiempo, comercio exterior, y la grandeza del señor Bismarck reside precisamente en algún tipo de política internacional.

¿Y a qué reduce su internacionalismo el Partido Obrero Alemán? A la conciencia de que el resultado de sus aspiraciones "será la fraternización internacional de los pueblos", una frase tomada de la Liga burguesa por la Paz y la Libertad, que se quiere hacer pasar como equivalente de la fraternidad internacional de las clases obreras, en su lucha común contra las clases dominantes y sus gobiernos. ¡De los deberes internacionales de la clase obrera alemana no se dice, por tanto, ni una palabra! ¡Y esto es lo que la clase obrera alemana debe contraponer a su propia burguesía, que ya fraterniza contra ella con los burgueses de todos los demás países, y a la política internacional de conspiración del señor Bismarck!"42

Lamentablemente cuando Marx escribe en el año 1875 *Critique des Gothaer Programms* (*Crítica al programa de Ghota*) que va a orientar la línea política del recién creado primer partido socialdemócrata unificado alemán, ya era consciente de dos problemas relacionados dialécticamente: el economicismo y el obrerismo.

Pasaron casi 150 años y el movimiento obrero y las diferentes corrientes socialistas, surgidas del marxismo, siguen sin encontrar solución a los problemas de origen de aquel congreso del partido socialdemócrata más poderoso en su tiempo, y que siguen a lastrar la dinámica de una izquierda que se mueve entre una democracia sin revolución o una revolución sin democracia.

40

---

42   Idem MARX, Karl & ENGELS Friedrich (1981); Tomo III; en páginas 19-20

Capítulo 06
Los problemas nucleares del marxismo: Gramsci como fedatario de Marx y Engels

"En los años veinte, Korsch, Gramsci y yo mismo intentamos, cada uno a su modo, enfrontarnos con el problema de la interpretación mecanicista, heredada de la II internacional. Heredamos el problema, pero ninguno de nosotros – ni tan siquiera Gramsci que era el mejor dotado de los tres – acertó a resolverlo."

György Lukács

"Más filósofos marxistas como estos [por Lukács] y el proyecto bolchevique se hunde"

Grigori Zinóviev

De entre los pensadores que intentaron recuperar a Marx del lodo donde sus seguidores lo habían metido, liberando el marxismo del determinismo y del objetivismo, para recuperar el papel del individuo y de las clases, como individuos agrupados y organizados, tuvo un papel central *Antonio Gramsci*; convirtiéndose, así, en el conector de todas las transiciones epistemológicas del marxismo contemporáneo.

A Antonio Gramsci le tocó vivir en un mundo donde las endebles democracias sucumben al auge del totalitarismo. Por una parte, asiste con un coste personal enorme, al auge del fascismo en su país y en Europa. Por otra, crítico con el proceso cara a la dictadura de la Revolución Rusa y los primeros pasos hacia el planteamiento doctrinario del pensamiento de Marx bajo la fórmula *marxista-leninista*.

Sin duda es Antonio Gramsci el pensador marxista de la primera mitad siglo XX que más próximo estuvo de resolver las contradicciones en la epistemología y en la ontología en el pensamiento de Marx y Engels en un momento en el que la democracia era un valor a la baja y las contradicciones de la acción política de la socialdemocracia estaba contaminada por los créditos de la guerra, primero, y su contemporización, después, con el auge del totalitarismo.

Gramsci denominó su pensamiento como 'filosofía de la praxis' en sus Quaderni del carcere (1929-1935). Más allá de sortear la censura (para no hablar de marxismo), el nombre es toda una reivindicación: la praxis como relación dialéctica entre la teoría y la acción política.

42

Pero Gramsci va mucho más haya en la tradición de la propia filosofía de la praxis y en la utilidad social del pensamiento.

Gramsci no reduce la filosofía de la praxis al pensamiento de Marx o Engels, sino a todo pensamiento que concreta la acción política para transformar la realidad. En esa filosofía de la praxis, Marx y Engels son una expresión elevada, pero hay otros autores, de ahí la reivindicación de Maquiavelo.

> *"Maquiavelo escribió libros de 'acción política inmediata', no escribió una utopía en la que se contemplara un Estado ya constituido, con todas sus funciones y sus elementos constituidos. En su tratamiento, en su crítica del presente, manifestó conceptos generales, que por lo tanto se presentan en forma aforística y no sistemática, y expresó una concepción del mundo original, que podría también ella llamarse 'filosofía de la praxis' o 'neohumanismo' en cuanto que no reconoce elementos trascendentales o inmanentes (en sentido metafísico), sino que se basa toda ella en la acción concreta del hombre que por sus necesidades históricas actúa y transforma la realidad.[43]"*

Y va más allá, también cuando interpreta como en esa relación de teoría y acción. En ese 'neo humanismo', tal como él también lo define, a Gramsci le preocupa la hegemonía cultural que está en disputa en la sociedad entre la clase dominante y las clases subalternas. Y es en la superestructura ideológica y cultural donde se libra la batalla por la hegemonía y donde se configura el bloque hegemónico.

Y para ello es fundamental, primero, resolver las cuestiones derivadas del papel de la filosofía y los filósofos, la voluntad y la dialéctica.

El papel de la filosofía (y los filósofos) y la verdad

Gramsci conecta directamente con el Marx filósofo partiendo de la XI tesis sobre Feuerbach no como un menosprecio a los pensadores previos sino como una reivindicación de la 'utilidad' de la filosofía.

Para Gramsci la filosofía se formula como un método y la verdad como un medio no como fin. Por eso, para Gramsci el pensamiento marxista es una metodología de combinación entre teoría y práctica.

---

43 GRAMSCI, Antonio (1975); 'Quaderni del Carcere 1929-1935'; versión en español: Cuadernos de la cárcel. 6 Tomos. 1ª reimpresión 1985. Ediciones Era. México 1981. En Tomo II; cuaderno 5; página 342

Una acción política en la que 'todos' somos filósofos. La filosofía deja de ser un espacio reservado para personas con pensamiento elevado, a la vez que se rompe con la lógica clásica de *'Primum vivere deinde philosophare'*

> *"Hay que destruir el prejuicio de que   la filosofía es algo muy difícil   por el hecho de que es una actividad propia de una determinada categoría de científicos, de los filósofos profesionales o sistemáticos. Por lo tanto, habrá que demostrar que todos los hombres son filósofos, definiendo los límites y las características de esta filosofía ('espontánea') de 'todo el mundo', o sea el sentido común y la religión.*
>
> *Demostrado que todos son filósofos, a su manera, que no existe hombre normal y sano intelectualmente que no participe de una determinada concepción del mundo, aunque sea inconscientemente, porque cada 'lenguaje' es una filosofía, se pasa al segundo momento, al momento de la crítica y de la conciencia."*[44]

 Con su creencia de que la historia humana y la 'praxis' colectiva determinan si una cuestión filosófica es relevante o no, Gramsci se oponen al materialismo metafísico y sigue la teoría de la percepción desarrollada por Engels y Lenin.

Porque para Gramsci, el marxismo no lidia con una realidad que existe por sí misma, independiente de la humanidad. El concepto de un universo objetivo fuera de la historia humana y fuera de la práctica humana es para él análogo a la creencia en un Dios. La historia natural es sólo relevante en relación a la historia humana.[45]

Por eso el concepto de la filosofía de Gramsci no es, por ser popular, una vulgarización sino todo lo contrario.

> *"Una filosofía de la praxis no puede dejar de presentarse inicialmente con una actitud polémica y crítica, como superación   del modo de pensar precedente y del pensamiento concreto existente (o del mundo cultural existente). Es decir, debe presentarse, ante todo como crítica del 'sentido común' (después de haberse basado en el sentido común para demostrar que 'todos' son filósofos y que no se trata de introducir ex novo una ciencia en la vida individual de 'todos', sino de innovar y hacer 'crítica' una actividad ya existente) y por tanto, de la filosofía de los intelectuales, que ha dado lugar a la historia de la filosofía, ya que, en el plano individual (y de hecho, se desarrolla esencialmente en la actividad de individuos aislados, particularmente dotados) se puede considerar como la 'punta'*

44 Idem GRAMSCI, Antonio (Reimpresión en español 1985) En Tomo III; cuaderno 8; página 319

45 La sociología del conocimiento aplicada por Gramsci ha sido de gran utilidad en la historiografía contemporanea

del progreso del sentido común, por lo menos del sentido común de los estratos más cultos de la sociedad, y a través de éstos, también del sentido común popular."[46]

44 Y en los tres niveles de pensamiento – religión, sentido común, filosofía – presentes Gramsci apela al deber de tener una actitud crítica, donde la actividad de los intelectuales sea de vanguardia en la contienda que se libra en la superestructura en la que se imponga el 'buen sentido'.

> *"Religión, sentido común, filosofía. Hallar las conexiones entre estos tres órdenes intelectuales. Ver cómo tampoco coinciden religión y sentido común, sino que la religión es un elemento del disgregado sentido común. No existe un solo 'sentido común', sino que también él es un producto y un devenir histórico. La filosofía es la crítica de la religión y del sentido común y su superación: en tal sentido, la filosofía coincide con el 'buen sentido'."*[47]

Gramsci da un paso adelante en el terreno epistemológico al afirmar que *"esta misma 'ideología' [marxismo] debe ser analizada históricamente, como superestructura"*[48], lo que quiere decir que no es exactamente la verdad, sino un punto de vista que, como todo punto de vista puede tener sus falacias. Al oponerse al realismo epistemológico y al positivismo, abre paso a un grado mayor de relativismo epistemológico, que no constituye para Gramsci una renuncia ética o política, sino la asunción cabal del carácter provisorio y construido del conocimiento humano.[49]

idealismo [de la voluntad] o materialismo [mecanicista]

La creencia, común entre el movimiento obrero en sus primeros años, de que el triunfo revolucionario es inevitablemente debido a 'leyes históricas', es, para Gramsci, un error. La transformación social no puede confiarse a *leyes históricas invisibles como los agentes del cambio social.*

Gramsci apela al Marx filósofo - naturalista y humanista - y el científico – empirista -, para cargar contra el economicismo (de tintes positivistas) que parte de cuestiones objetivas y deja de lado el papel subjetivo de las personas. El cambio no puede dejarse al albur de la existencia de una inevitabilidad histórica (objetiva y racional) sino que tiene que ver con la existencia de una voluntad subjetiva de cambio.

---

46 Idem GRAMSCI, Antonio (Reimpresión en español 1985) En Tomo III; cuaderno 8; página 335

47 Idem GRAMSCI, Antonio (Reimpresión en español 1985) En Tomo III; cuaderno 8; página 320

48 Idem GRAMSCI, Antonio (Reimpresión en español 1985) En Tomo II; cuaderno 4; página 165

49 No debemos olvidar, no obstante, que para Marx también la ideología es una 'falsa' superestructura al servicio, la mayoría de las veces, de las clases dominantes.

"Él (Marx) no hizo nunca una exposición explícita de su doctrina; así, muchos marxistas están   convencidos de que todas las fases de la evolución capitalista deben producirse en la misma forma, en todos los pueblos modernos. Estos marxistas son demasiado poco hegelianos[50]

En el artículo *'La revolución contra el Capital'*(1917)[51], Gramsci afirma que la revolución bolchevique representaba una revolución contra el libro clásico de Marx, ya que incumple varias premisas al efectuarse una revolución socialista en un país atrasado como Rusia que no reunía a condiciones económicas y sociales que se consideraban indispensables para el tránsito al socialismo *"El Capital de Marx era, en Rusia, el libro de los burgueses más que el de los proletarios".*[52]

Gramsci afirma que *"si los bolcheviques reniegan de algunas afirmaciones de El Capital, no reniegan el pensamiento inmanente, vivificador. No son marxistas, eso es todo"*[53] en una clara declaración contra la doctrinarización del pensamiento de Marx; para a continuación aclarar que el principio de la primordialidad de las relaciones de producción son una malinterpretación del marxismo. Tanto los cambios económicos como los cambios culturales son expresiones de un proceso histórico básico, y es difícil decir que esfera tiene más importancia. La defensa de la revolución rusa se convierte así en Gramsci en la defensa de la capacidad de modificar la realidad por parte de las personas. Es una reivindicación del libre albedrio frente al materialismo mecanicista.

"[los bolcheviques] viven el pensamiento marxista, el que nunca muere, que es la continuación del pensamiento idealista italiano y alemán, y que en Marx se había contaminado con incrustaciones positivistas y naturalistas. Y ese pensamiento no sitúa nunca como factor máximo de la historia los hechos económicos en bruto, sino siempre el hombre, la sociedad de los hombres, de los hombres que se reúnen, se comprenden, desarrollan a través de esos contactos (cultura) una voluntad social, colectiva, y entienden los hechos económicos, los juzgan y los adaptan a su voluntad hasta que esta se convierte en motor de la economía, en plasmadora de la realidad objetiva, la cual vive entonces, se mueve y toma el carácter de materia telúrica en ebullición, canalizable por donde la voluntad lo desee, y como la voluntad lo desee."[54]

---

50 Idem GRAMSCI, Antonio (Reimpresión en español 1985) En Tomo II; cuaderno 4; página 160

51 Artículo aparecido en Avanti, edición milanesa, el 24 de noviembre de 1917. Reproducido en el Il Grido del Popolo el 5 de enero de 1918

52 Visitado en https://lanzasyletras.com/2022/11/la-revolucion-contra-el-capital-un-texto-de-antonio-gramsci-a-proposito-de-la-revolucion-de-octubre/ (01/09/2023) sobre la traducción de Manuel Sacristán.

53 Idem

54 Idem

Pero más allá de este momento inicial de la revolución rusa, Gramsci no se queda solo en lo coyuntural, el debate sobre el corpus doctrinal del pensamiento de Marx para cuestionar el corpus cerrado materialista asumido de forma acrítica por sus seguidores.

El pensamiento de Marx es sin duda un pensamiento de base materialista, pero eso no significa que en su concepción del mundo no interactúen diferentes registros de la tradición, entre ellos el 'idealismo' kantiano.

"Marx no emplea nunca la fórmula 'dialéctica materialista' sino 'racional en contraposición a 'mística', lo cual da al término 'racional' un significado bien preciso"[55], apunta con claridad Gramsci.

Como discípulo del filósofo *Antonio Labriola* (1843-1904), del que recogió el concepto de *filosofía de la praxis*, Gramsci asume una crítica feroz a la vulgarización materialista hecha del pensamiento de Marx por sus seguidores, entendiendo que la obra de Marx es 'independiente' y 'original':

> *"Labriola se distingue de unos y otros con su afirmación de que el marxismo es una filosofía independiente y original. En este sentido hay que trabajar, continuando y desarrollando la posición de Labriola. La tarea es muy compleja y delicada. ¿Por qué el marxismo ha corrido esta suerte, de parecer asimilable, en algunos de sus elementos, tanto a los idealistas como a los materialistas vulgares? Habría que buscar los documentos de esta afirmación, lo que significa hacer la historia de la cultura moderna después de Marx y Engels."*[56]

Dialéctica [hegeliana] y hegemonía [cultural]

En el marxismo de finales del XIX e inicios del XX se asentará una concepción mecanicista y positivista del marxismo, presente en el seno de los partidos socialdemócratas, según la cual el capitalismo necesariamente estaba destinado a caer, dando lugar a una sociedad socialista. Esta concepción, para Gramsci, enmascaraba la impotencia política del partido de la clase subalterna, incapaz de tomar la iniciativa para la conquista de la hegemonía.

Aunque el bolchevismo apuntaba en la misma línea, -'*La teoría del materialismo histórico, manual popular de sociología*' (Bujarin 1921) se había convertido en un manual imprescindible en el marxismo ruso - para Gramsci la sociología adquiría una gran

---

55 GRAMSCI, Antonio (1975); 'Quaderni del Carcere 1929-1935'; versión en español: Cuadernos de la cárcel. 6 Tomos. 1ª reimpresión 1985. Ediciones Era. México 1981. En Tomo III; cuaderno 8; página 321

56 Idem GRAMSCI, Antonio (Reimpresión en español 1985) En Tomo II; cuaderno 4; página 134

importancia al intentar *"crear una metodología histórico-política en dependencia de un sistema filosófico ya elaborado, sobre el cual la sociología ha reaccionado."*[57]

> *"La sociología, pues, se ha convertido en una tendencia por sí misma, se ha convertido en la filosofía de los no filósofos; un intento de clasificar y describir esquemáticamente los hechos históricos y políticos, según criterios construidos sobre el modelo de las ciencias; de determinadas ciencias.*
>
> *La sociología es, pues, un intento de descubrir 'experimentalmente' las leyes de evolución de la sociedad humana en forma de 'prever' el futuro con la misma certeza con que se prevé que de una bellota crecerá una encina. El evolucionismo vulgar está en la base de la sociología que no puede conocer el principio dialéctico con el paso de la cantidad a la calidad, paso que turba toda evolución y toda ley de uniformidad entendida en sentido vulgarmente evolucionista."*[58]

Para Gramsci el viejo materialismo es metafísico. Al igual que para el idealismo religioso, la realidad es objetiva, independiente del sujeto, existente independientemente del hombre, partiendo de un axioma obvio e irrefutable, asentado por la afirmación de la religión por la cual el mundo, creado por Dios, se encuentra ya dado frente a nosotros.

Pero para Gramsci, excluido el idealismo, también es rechazada *"la concepción de la realidad objetiva del mundo externo en su forma más trivial y acrítica"*[59] desde el momento que *"a esta puede ser opuesta la objeción del misticismo".*[60] Si nosotros conocemos la realidad en cuanto hombres, y siendo nosotros mismos un devenir histórico, también la conciencia y la realidad son un devenir.

En cualquier caso toda sociología presupone, para Gramsci, *"una filosofía, una concepción del mundo; ella misma es un fragmento subordinado de éstas."*[61]

Filosofía que necesita de la dialéctica como instrumento de investigación histórica, que supera la visión mecanicista de la realidad, unión de teoría y praxis, de conocimiento y acción. La dialéctica es *"doctrina del conocimiento y sustancia medular de la historiografía y de la ciencia de la política"*[62] y solo puede ser comprendida en toda su totalidad *"si la filosofía de la praxis es concebida como una filosofía integral y original que inicia una nueva fase en la historia y en el desarrollo mundial del pensamiento en cuanto que supera (y al superar incluye en sí los elementos vitales) tanto el idealismo como el materialismo, expresiones tradicionales de las viejas so-*

---

57 Idem GRAMSCI, Antonio (Reimpresión en español 1985) En Tomo IV; cuaderno 11; página 289

58 Idem GRAMSCI, Antonio (Reimpresión en español 1985) En Tomo IV; cuaderno 11; páginas 289-290

59 Idem GRAMSCI, Antonio (Reimpresión en español 1985) En Tomo IV; cuaderno 11; página 276

60 Idem GRAMSCI, Antonio (Reimpresión en español 1985) En Tomo IV; cuaderno 11; página 276

61 Idem GRAMSCI, Antonio (Reimpresión en español 1985) En Tomo IV; cuaderno 11; página 290

62 Idem GRAMSCI, Antonio (Reimpresión en español 1985) En Tomo IV; cuaderno 11; página 284

ciedades. Si la filosofía de la praxis no es pensada más que subordinadamente a otra filosofía, no se puede concebir la nueva dialéctica, en la cual precisamente se efectúa y se expresa esa superación."[63]

48 Según ese concepto, el poder de las clases dominantes sobre el proletariado y todas las clases sometidas en el modo de producción capitalista, no está dado simplemente por el control de los aparatos del Estado, sino que dicho poder está dado fundamentalmente por la 'hegemonía' cultural que las clases dominantes logran ejercer sobre las clases sometidas, a través del control del sistema educativo, de las instituciones religiosas y de los medios de comunicación.

A través de estos medios, las clases dominantes 'educan' a los dominados para que estos vivan su sometimiento y la supremacía de las primeras cómo algo natural y conveniente, inhibiendo así su potencialidad revolucionaria. En ese esquema el concepto nacional juega un papel central pues genera un sentimiento de identificación sobre la construcción de un 'destino nacional'. La burguesía es quien de conformar y liderar un 'bloque hegemónico' que amalgama a todas las clases sociales alrededor de su proyecto.

La supremacía de un grupo social se manifiesta de dos modos, como dominio y como dirección intelectual y ética. Un grupo social es dominante de los grupos contrincantes que tiende a liquidar o a someter hasta con la fuerza armada y dirigente de grupos afines y aliados. Un grupo social puede y debe ser dirigente desde antes de conquistar el poder gubernamental (esta es una de las condiciones principales para la misma conquista del poder); después, cuando ejercita el poder se vuelve dominante, pero debe continuar siendo dirigente.

La hegemonía es, por tanto, el ejercicio de las funciones de dirección intelectual y ética unida a aquella del dominio del poder político. El problema para Gramsci está en comprender como puede el proletariado o en general una clase dominada, subalterna, volverse clase dirigente y ejercitar el poder político, o convertirse en una clase hegemónica.

La crisis de la hegemonía se manifiesta cuándo, aun manteniendo el propio dominio, las clases sociales políticamente dominantes no logran ser dirigentes de todas las clases sociales, o sea no logran resolver los problemas de toda la colectividad e imponer a toda la sociedad su propia concepción del mundo. La clase social subalterna si logra indicar concretas soluciones a los problemas dejados irresolutos se vuelve dirigente e, incrementando su propia cosmovisión también a otros estratos sociales, crea un nuevo bloque social, volviéndose hegemónico.

---

63 Idem GRAMSCI, Antonio (Reimpresión en español 1985) En Tomo IV; cuaderno 11; página 284

El momento revolucionario aparece inicialmente, según Gramsci, a nivel de superestructura, en sentido marxista, es decir, político, cultural, ideal, moral, pero traspasa a la sociedad en su complejidad, empujando hasta su estructura económica, o sea empujando a todo el bloque histórico, concepto que para Gramsci indica el conglomerado de la estructura y de la superestructura, las relaciones sociales de producción y sus reflejos ideológicos.

El propio activista de las clases subalternas - según Gramsci - *"no tiene una clara conciencia teórica de su forma de operar ... su conciencia teórica hasta puede estar 'históricamente' en contraste con su forma de operar"*[64]; actúa y al mismo tiempo tiene una conciencia teórica heredada del pasado, acogida por el más en un modo acrítico.

La real comprensión crítica de sí mismo ocurre *"a través de una lucha de hegemonías políticas, de direcciones contrastantes, primero en el campo de la ética, luego de la política, para llegar a una elaboración superior de la propia concepción de lo real"*[65]. La conciencia política, es decir el ser parte de un determinante fuerza hegemónica, es la primera fase para una ulterior y progresiva autoconciencia donde teoría y práctica finalmente se unen.

Más allá de un cierto voluntarismo, fruto de que Gramsci es hijo del auge del marxismo ruso y del leninismo, al situar dudas sobre el papel que el materialismo tiene en la doctrina de Marx o al situar el problema ontológico que subyace alrededor de la cuestión de la hegemonía está abriendo la puerta a los debates epistemológicos que, tras el XX Congreso del PCUS y la desestalinización, se empezarán a dar con fuerza en el marco del debate político y filosófico.

---

64 GRAMSCI, Antonio (1975); 'Quaderni del Carcere 1929-1935'; versión en español: Cuadernos de la cárcel. 6 Tomos. 1ª reimpresión 1985. Ediciones Era. México 1981. En Tomo III; cuaderno 8; página 300

65 Idem GRAMSCI, Antonio (Reimpresión en español 1985) En Tomo IV; cuaderno 11; página 253

Capítulo 07
El debate epistemológico: corpus transcendente del Marx filósofo versus ruptura epistemólogica del Marx científico

"Marx nunca utilizo los términos 'materialismo histórico o 'materialismo dialéctico'; se refirió a su propio 'método dialéctico', en contraste con el de Hegel y a su 'base materialista'"

Erich Fromm

La obra de Marx y Engels tiene a pesar de su complejidad un denominador común que la sitúa como una ciencia social (empirismo) al servicio de un proceso de transformación (crítico). Este 'empirismo dialéctico'[66] tiene, como no podía ser de otro modo, aspectos aparentemente contradictorios que están en el origen de las diversas interpretaciones de sus correligionarios, pero es indiscutible que la obra de Marx y Engels tienen una coherencia global absoluta.

En la segunda mitad de los años 50 y la primera mitad de los años 60 del siglo XX se produce un importante debate sobre la epistemología de la obra de Marx.

Debemos tener en cuenta el contexto en el que se da ese debate. Tras la II Guerra Mundial, y como fruto del reparto salido de la Conferencia de Yalta, se asienta un mundo bipolar donde la parte este de Europa se consolida un bloque político legitimado sobre el cuerpo ideológico marxista (en un momento en que a escolástica soviética ya tienen asentada una doctrina oficial que habían asumido los partidos comunistas del mundo, incluso los más críticos con la deriva de terror totalitario estaliniano). Muy pronto se comprobará cómo la pequeña apertura impulsada por la desestalinización (XX Congreso de PCUS) tiene sus límites políticos con la invasión de Hungría por la URSS y el fin del breve periodo democrático (Otoño Húngaro 23/10/1956-10/11/1956) y su incapacidad para salirse del marco doctrinal del marxismo-leninismo.

---

66 Termino acuñado por el autor de este trabajo para conceptualizar el pensamiento de Marx

La revolución China (1949) y la influencia 'comunista' en los movimientos anticolonialistas en el Tercer Mundo solo vienen a asentar ese cuerpo doctrinal. Estalinismo, trotskismo o maoísmo son simplemente tres derivadas de un mismo impulso totalitario del marxismo, en lo político, y de un mismo escolasticismo, en el pensamiento, asentado en el paso del marxismo al leninismo.

El periodo entre la muerte de Stalin (1953) y la caída de *Nikita Jrushchov* de la secretaría del PCUS (1964) abre un debate en el 'marxismo' occidental sobre los límites de la rectificación política del socialismo y de la revisión teórica del marxismo oficial. Debate que seguramente sería diferente si los acontecimientos de la Primavera de Praga (1968) se hubiera adelantado unos años.

Tres obras, tres autores, son importantes para atender ese debate epistemológico. *'Karl Marx and the tradition of Western Political Thought' (Karl Marx y la tradición del pensamiento político occidental)*(Arendt 1953)67; 'Marx's Concept of Man' (Marx y su concepto del hombre) (Fromm 1961); y *'Pour Marx' (La revolución teórica de Marx)* (Althusser 1965).

De los tres autores; dos de ellos (Arendt y Fromm) muestran una admiración por la obra de Marx en su complejidad e integridad, en su aportación al pensamiento de la humanidad, en una línea conductora desde la tradición clásica a la ilustración (y en la que Marx es la cumbre del pensamiento moderno); el otro (Althusser) disecciona a Marx, menospreciando una parte de su obra - la filosófica - y únicamente reivindicando el 'Marx científico', reduciéndolo a un planteamiento estructurado de interpretación al servicio de la política económica.

Arendt y Fromm reivindican la filosofía naturalista y humanista de Marx. La primera muestra su preocupación por la deriva totalitaria de la práctica política de los 'marxistas', el segundo reivindicando la democracia como un factor de construcción del socialismo, que prefiguraba Marx.

Althusser, por su parte, al combatir el humanismo de Marx reduce el mecanismo emancipatorio a un mecanismo para un ajuste de cuentas social. La concepción mecánica que de Marx tiene Althusser prosigue en la tradición totalitaria del 'marxismo' leninista, sirviendo su estructuralismo materialista de manual para muchos intelectuales que crearon escuela en el marxismo occidental de los sesenta y setenta.

En el debate epistemológico, en el dialogo representado por Arendt, Althusser y Fromm, tres cuestiones son las que se sitúan como ejes centrales del mismo. La

---

67 *Karl Marx and the tradition of Western Political Thought* fue escrito por Hannah Arendt en 1953 y forma parte de un proyecto más amplio financiado por la fundación Guggenheim. Contiene dos ensayos - El hilo roto de la tradición y El desafio moderno a la tradición - que pretendían formar parte de un trabajo amplio sobre el marxismo del que sus casi 1000 páginas están depositadas en la Biblioteca del Congreso de Washington. Los textos vieron la luz, junto con otro, Reflexión sobre a Revolución Hungara, en el libro Karl Marx and the tradition of *Western Political Thought and reflections on the Hungarian Revolution (2007)*

continuidad del pensamiento de Marx con la 'tradición' filosófica de occidente desde el clasicismo, en general, y en el pensamiento de la modernidad, en particular. Derivado del mismo, la globalidad del pensamiento de Marx o por lo contrario una cierta 'ruptura' epistemológica del 'Marx maduro' (en terminología de Althusser) que le desgravitarían de la propia 'tradición' (en términos de Arendt). Y, en tercero lugar, la pulsión entre materialismo y dialéctica en el pensamiento de Marx.

Marx dedicó mucho tiempo a analizar su tiempo y muy poco a definir su alternativa de sociedad. Además, al tratarse de un pensador interesado en la capacidad de transformación social de su pensamiento está presente en los debates constituyentes del movimiento obrero y, a partir de su muerte y la de Engels, van a ser los diferentes líderes del movimiento obrero los que tengan especial interés en catecumenizar su pensamiento. El marxismo ruso, desde Plejanov hasta Stalin, pasando por Lenin, tuvieron especial interés en crear un cuerpo doctrinal cerrado y hierático.

Hannah Arendt entra en el debate exculpando a Marx de la deriva posterior *"la línea que va de Aristóteles a Marx muestra a la vez menos rupturas y mucho menos decisivas que la línea que va de Marx a Stalin"*[68].

La evolución del movimiento obrero en el siglo XIX y sus rupturas con el pensamiento originario de Marx, las críticas de Engels al programa de la socialdemocracia alemana, la bifurcación del marxismo ruso con el alemán y anglosajón, la ruptura de Lenin con todos, las críticas de Rosa Luxemburg y Antonio Gramsci a Lenin, la implementación totalitaria de Lenin por Stalin; no hacen más que darle la razón a Arendt.

Pero Arendt al exculpar a Marx de la evolución posterior consigue, a la vez dos logros: rescatar el pensamiento de Marx para la 'tradición' del pensamiento occidental y librarlo del peso exclusivo del final totalitario de su propuesta.

Para Arendt la propuesta filosófica de Marx, anclada en la tradición filosófica occidental, está basada en tres grandes ideas: trabajo, violencia y libertad.

La violencia como partera de la historia está presente en toda la filosofía occidental, por lo que Marx es un mero continuador de esa línea de pensamiento -bien podríamos, en ese aspecto, condenar a Aristóteles por el totalitarismo estalinista -. La propuesta de la libertad también está en la 'tradición' así que la gran novedad de Marx es el papel del trabajo en la historia:

"La grandeza de Marx, y la razón de su enorme influencia en el pensamiento político y en los movimientos políticos contemporáneos, está en que el carácter positivo de esta igualdad lo descubrió él [Marx] en la naturaleza misma del hombre, esto es, en su concepción del hombre como fuerza de labor. Supo muy bien que

68 ARENDT, Hannah (1957); Karl Marx and the tradition of Western Political Thought; Versión en español: Karl Marx y la tradición del pensamiento político occidental; Editorial Encuentro, 2007. Página 17

esta nueva definición del hombre era posible solo porque 'el concepto de igualdad humana posee ya la solidez de un prejuicio popular'. La definición de Marx del hombre como animal laborans se situó en consciente oposición a la definición tradicional del hombre como animal rationale y la desafió."[69]

Por eso para Arendt:

"Lo decisivo no fue la emancipación política de la clase trabajadora, una igualdad de todos que, por primera vez en la historia, incluyó a los trabajadores domésticos. Lo decisivo fue más bien la consecuencia de que a partir de ahora la labor como actividad humana dejó de pertenecer al espacio estrictamente privado de la vida: la labor se convirtió en un hecho público político de primer orden."70

Coincidiendo con Arendt, en la reivindicación del Marx filósofo, Erich Fromm liga la visión de Marx con el pensamiento más elevado racional y empírico que va desde finales de la Edad Media hasta la Modernidad:

"La filosofía de Marx es una filosofía de protesta; es una protesta imbuida de fe en el hombre, en su capacidad para liberarse y realizar sus potencialidades. Esta fe es un rasgo del pensamiento de Marx que ha sido característico de la actitud occidental desde fines de la Edad Media hasta el siglo XIX y que ahora es tan escasa."[71]

Por el contrario, Althusser desliga a Marx de la 'tradición' en una especie de científico en un laboratorio social, entendible solamente desde su ruptura epistemológica (1845) poniendo su centro en el materialismo como elemento único para un análisis de estructuras donde la dialéctica (hegeliana) sobra y los principios del empirismo (ingles) y del racionalismo (continental) son un lastre para un análisis 'científico' y para una acción política 'revolucionaria':

"¿Es necesario volver a decir que las obras de juventud de Marx, cuya historia escribió y cuyo sentido reveló bastante bien Mehring,72 han sido desenterradas por los social-demócratas y explotadas por ellos contra las posiciones teóricas del marxismo-leninismo?"[73]

---

69 ARENDT, Hannah (1957); *Karl Marx and the tradition of Western Political Thought.* Versión en español: *'Karl Marx y la tradición del pensamiento político occidental';* Editorial Encuentro, 2007. Página 44

70 Idem ARENDT (2007). Página 26

71 FROMM, Erich; (1961); *Marx's Concept of Man. Versión en español: 'Marx y su concepto del hombre;* Fondo Cultura Económica. Terceira reimpresión. México, 1970. Prefacio; Página 5

72 Franz E. Mehring (1846-1919) periodista, político e historiador alemán abandonó el SPD para fundar con Rosa Luxemburg y Karl Liebknecht la Liga Espartaquista. Autor de Karl Marx: Geschichte seines Lebens (*Karl Marx: historia de su vida*) (1918)

73 ALTHUSSER, Louis (1965); Pour Marx. Versión en español: 'La revolución teórica de Marx'; Siglo Veintiuno Editores, 1967. Decimoquinta edición, 1976. Página 40

La acción política de nuevo en el centro del debate, conectada por Arendt con la idea del Gobierno Justo. Marx coincide con Aristóteles en la idea - precursora de la 'lucha de clases' - de democracia (como gobierno de los pobres) frente oligarquía (gobierno de los ricos); pero coincide con Platón en su ideal de Aristocracia (gobierno de los mejores):

"Desde que la idea de Marx del gobierno justo - esbozado primero como la dictadura del proletariado, a la que debía seguir una sociedad sin clases y sin Estados -, se convirtió en el objetivo oficial de un país y de unos movimientos políticos presentes en todo el mundo, desde entonces el sueño de Platón de someter la acción política a los rigurosos principios del pensamiento filosófico se había convertido, ciertamente, en una realidad. Marx logró, aunque a título póstumo, lo que Platón intentó en vano en la corte de Dionisio en Sicilia."[74]

Fromm también cree que Marx persigue esa sociedad más elevada. Para Fromm comunistas y socialdemócratas coinciden en una visión meramente mercantilista, aunque sin "defectos":

"Aunque los comunistas soviéticos, como los socialistas reformistas, creían que eran enemigos del capitalismo, concebían el comunismo -o el socialismo - con el espíritu del capitalismo. Para ellos, el socialismo no es una sociedad humanamente distinta del capitalismo sino, más bien, una forma de capitalismo en la que la clase trabajadora ha alcanzado un alto nivel; es, como alguna vez observó Engels irónicamente, 'la sociedad actual sin sus defectos'".[75]

Fromm e Arendt se sitúan juntos frente a la deriva totalitaria del marxismo del siglo XX. Fromm lo hace con una perspectiva kantiana:

"El concepto de Marx se acerca aquí al principio kantiano de que el hombre debe ser siempre un fin en sí mismo y nunca un medio para realizar un fin. Pero amplía este principio afirmando que la esencia humana del hombre nunca debe convertirse en medio para la existencia individual. El contraste entre la visión de Marx y el totalitarismo comunista no podría expresarse más radicalmente; la humanidad en el hombre, dice Marx, no debe convertirse siquiera en medio para su existencia individual; mucho menos podría considerarse, pues, un medio para el Estado, la clase o la nación."[76]

Arendt entendiendo que la violencia como 'partera da historia' forma parte de la 'tradición' occidental:

---

74 ARENDT, Hannah (1957); *Karl Marx and the tradition of Western Political Thought. Versión en español: 'Karl Marx y la tradición del pensamiento político occidental'*; Editorial Encuentro, 2007. Página 14

75 FROMM, Erich; (1961); *Marx's Concept of Man. Versión en español: 'Marx y su concepto del hombre'*, Fondo Cultura Económica. Terceira reimpresión. México, 1970. Prefacio; Página 11

76 Idem FROMM (1970). Página 36

"En los últimos años se ha puesto de moda asumir una línea sin ruptura entre Marx, Lenin y Stalin, acusando así a Marx de ser el padre de la dominación totalitaria. Muy pocos de entre quienes se entregan a esta línea argumental parecen conscientes de que acusar a Marx de totalitarismo es tanto como acusar a la propia tradición occidental de acabar necesariamente en la monstruosidad de esta nueva forma de gobierno."[77]

Llegando a tener dudas sobre si *"Marx, cuya influencia en la política fue enorme, tuvo alguna vez un genuino interés por la política como tal"*[78]

Para concluir que en todo caso de que:

"Si se hubiera permitido a la Revolución de Octubre seguir las líneas prescritas por Marx y Lenin, lo que no fue el caso, probablemente habría resultado en un gobierno burocrático. El gobierno de nadie, no la anarquía, no la desaparición del gobierno o de la opresión, es el peligro siempre presente en cualquier sociedad basada en la igualdad universal."[79]

Por su parte, Althusser niega el empirismo y la dialéctica, para reivindicar en exclusiva un materialismo 'científico':

"Obsérvese a Marx. Escribió diez obras y ese monumento que es El Capital sin haber escrito nunca una 'dialéctica'. Pensó escribirla, pero no lo hizo. No tuvo nunca tiempo. Lo que quiere decir que no la necesitó, ya que la Teoría de su práctica teórica no era en ese momento esencial al desarrollo de su teoría, es decir, a la fecundidad de su propia práctica"[80]

Esta idea es cuestionada por Fromm, partiendo de afirmaciones del propio Marx: *"Marx combatió este tipo de materialismo 'burgués' mecanicista, "ese materialismo abstracto de los naturalistas que deja a un lado el proceso histórico" [El Capital] y postuló en su lugar lo que llamó en los Manuscritos económico-filosóficos "el naturalismo o humanismo [que] se distingue tanto del idealismo como del materialismo y, al mismo tiempo, constituye su verdad unificadora" [La ideología alemana]. Marx nunca utilizo los términos 'materialismo histórico o 'materialismo dialéctico'; se refirió a su propio 'método dialéctico', en contraste con el de Hegel y a su 'base materialista'"*[81]

---

77 Idem ARENDT (2007). Página 17

78 Idem ARENDT (2007). Página 26

79 Idem ARENDT (2007). Página 52

80 ALTHUSSER, Louis (1965); Pour Marx. Versión en español: 'La revolución teórica de Marx'; Siglo Veintiuno Editores, 1967. Decimoquinta edición, 1976. Página 143

81 Idem FROMM (1970). Página 12

Fromm, siguiendo los apuntes que al respecto ya dedicara Gramsci en sus escritos de cárcel, reconstruye un pensamiento de Marx 'materialista' preocupado por el carácter espiritual (del idealismo).

"Entre los malentendidos que circulan no hay quizás otro más difundido que la idea del 'materialismo' de Marx. Se supone que Marx creía que la principal motivación psicológica del hombre es su deseo de ganancias y de bienestar económico y que su busca de las utilidades máximas constituye el principal incentivo de su vida personal y de la vida de la especie humana." [82]

"Baste decir por ahora que esta imagen popularizada del 'materialismo' de Marx - su tendencia anti espiritualista, su deseo de uniformidad y subordinación - es totalmente falsa. El fin de Marx era la emancipación espiritual del hombre, su liberación de las cadenas del determinismo económico, su restitución a su totalidad humana, el encuentro de una unidad y armonía con sus semejantes y con la naturaleza." [83]

Arendt va a ir más allá al entender que materialismo e idealismo conviven en el pensamiento de Marx y que el debate alrededor del idealismo se trata de una cuestión periférica:

"Labor, violencia y libertad señalan los desafíos centrales a nuestra tradición que aparecieron con los tres grandes acontecimientos de la época contemporánea y que Marx intentó formular y pensar adecuadamente. En comparación con ellos, la única inversión de los 'valores' tradicionales de que el propio Marx era consciente: el giro del 'idealismo' al 'materialismo' - con el que creyó haber puesto patas arriba a Hegel, y por el que con tanta frecuencia se le ha alabado o culpado -, es de menor importancia." [84]

O que necesitan ser reinterpretados:

"(Marx) es un 'materialista 'en tanto en cuanto la forma específicamente humana de consumir la materia es para él el comienzo de todo; y es un 'idealista' en tanto en cuanto nunca sale nada de la materia por sí sola, sin la actividad de consumo que reside en la naturaleza del hombre y que es la labor. En otra palabras 'materialismo' e 'idealismo' han perdido su significado" [85]

Una derivada a propósito del carácter 'científico' de Marx, del que hace bandera Althusser, tiene que ver con una vuelta a un marxismo naturalista y humanista surgida de las conclusiones del XX Congreso del PCUS, a propósito del estadio de desarrollo

82 Idem FROMM (1970). Página 8

83 Idem FROMM (1970). Página 9

84 Idem ARENDT (2007). Página 52

85 Idem ARENDT (2007). Página 56

de la URSS y su camino al comunismo que requiere una superación de la 'dictadura del proletariado' por una lógica más interclasista. Pronto este nuevo ambiente se traduce en los partidos comunistas occidentales en diversas políticas: acuerdos de concertación nacional, vía pacífica al socialismo, eurocomunismo, etc.

Para Althusser, la 'inflación' del 'humanismo' marxista o socialista, encierra la trampa por la que se cuela una revisión anticientífica de Marx.

"La pareja 'humanismo-socialismo' encierra en sí justamente una desigualdad teórica asombrosa: en el contexto de la concepción marxista, el concepto de socialismo es, sin duda, un concepto científico, pero el concepto de humanismo no es sino un concepto ideológico"[86]

Fromm e Arend reivindica, por el contrario, el carácter naturalista y humanista del pensamiento de Marx. Fromm desde la naturaleza del hombre:

"Marx no creía, como muchos sociólogos y psicólogos contemporáneos, que no existe una naturaleza del hombre; que el hombre, al nacer, es como una hoja de papel en blanco, sobre la que la cultura escribe su texto. En contraste con el relativismo sociológico, Marx partió de la idea de que el hombre qua hombre es un ser reconocible y determinable; que el hombre puede definirse como hombre no sólo biológica, anatómica y fisiológicamente sino también psicológicamente."[87]

Para llegar a un humanismo emancipador:

"El fin de Marx no se limita a la emancipación de la clase trabajadora, sino que tiende a la emancipación del ser humano a través de la restitución de la actividad enajenada, es decir, de la actividad libre de todos los hombres y a una sociedad en la que el hombre, y no la producción de cosas, sea el fin, en la que el hombre deje de ser "un monstruo paralítico para convertirse en un ser humano plenamente desarrollado".[88]

Arendt señalaría que ese humanismo de Marx se basa en la tercera, de las tres propuestas en las que se basa la filosofía marxista:

"Se alzan tres proposiciones que son los pilares en que descansa la teoría y la filosofía enteras de Marx: primera proposición, 'la labor es la Creadora del hombre'; segunda, 'la violencia es la partera de la Historia' (y, dado que historia para Marx es acción política pasada, esto significa que la violencia es lo que hace efectiva la

---

86 Idem ALTHUSSER (1976). Página 183

87 Idem FROMM (1970). Página 20

88 Idem FROMM (1970). Página 34

acción); y tercera, en aparente contradicción con las otras dos, 'nadie que esclavice a otros puede ser libre'".[89]

Para Arendt, cuando Marx afirma que "nadie que esclavice a otros puede ser libre "está a concretar la dialéctica del amo y del esclavo, definida por Hegel por el principio de "que cada amo es el esclavo de su sirviente y que cada sirviente se convierte a la larga en amo de su amo".[90]

Pero en ese debate central sobre el humanismo en Marx, para Althusser se hace necesario 'liberar' al Marx científico del Marx filósofo, por eso su interés en diseccionar su pensamiento en varias etapas librando al Marx Maduro (que tiene interese desde un punto de vista revolucionario) del Marx Joven.

"Esta 'ruptura epistemológica' divide el pensamiento de Marx en dos grandes periodos esenciales: el periodo todavía 'ideológico' anterior a la ruptura de 1845, y el período 'científico posterior a la ruptura de 1845."[91]

Para Althusser, el único interés existente en negar esa ruptura epistemológica sería "confesar que El Capital (y en general el 'marxismo acabado') es, o bien la expresión, o bien la traición de la filosofía del joven Marx"[92]

Por eso:

"filósofos, ideólogos, religiosos se han lanzado en una gigantesca empresa de crítica y conversión: que Marx vuelva a las fuentes de Marx y que confiese que el hombre maduro no es en él sino el joven Marx disfrazado. O si persiste y no cede en su edad, que confiese entonces su pecado de madurez, que reconozca que sacrifica la filosofía a la economía, la ética a la ciencia, el hombre a la historia"[93]

Para Fromm, que defiende la integridad del pensamiento de Marx en su totalidad, esa es una división innecesaria:

"no hay necesidad de dividir a Marx en dos. El hecho es que las ideas básicas sobre el hombre, tal como las expresó Marx en los Manuscritos económico-filosóficos y las ideas del viejo Marx expresadas en El capital no experimentaron un cambio básico; que Marx no renunció a sus ideas anteriores, como suponen los voceros de la tesis antes mencionada."[94]

---

89 Idem ARENDT (2007). Página 30

90 Idem ARENDT (2007). Página 32

91 Idem ALTHUSSER (1976). Página 25

92 Idem ALTHUSSER (1976). Páginas 40-41

93 Idem ALTHUSSER (1976). Página 40

94 Idem FROMM (1970). Página 45

Pero es Arendt quien, indirectamente, desmonta la construcción estructuralista del Marx diseccionado y separado de la filosofía:

60

"el examen no puede sino cuestionar ciertas tendencias de las ciencias sociales, que son marxistas en todo menos en el nombre, y cuestionar la hondura del propio pensamiento de Marx; y debe necesariamente examinar las verdaderas cuestiones y perplejidades de nuestra tradición, que ocuparon al propio Marx y con las que él mismo se debatió."[95]

Para acabar con la idea del Marx rupturista con la 'tradición':

"Marx no desafía a la filosofía, desafía la supuesta condición no práctica de la filosofía. Desafía a la resignación de los filósofos de no hacer otra cosa que buscarse un sitio en el mundo, en lugar de cambiar el mundo y hacerlo «filosófico». Y esto no sólo es más que el ideal de Platón de filósofos llamados a gobernar como reyes, sino también algo decisivamente distinto, porque implica no el gobierno de los filósofos sobre los seres humanos sino el que todos los seres humanos, por así decir, se conviertan en filósofos."[96]

Las posiciones de Althusser se sustentan sobre una ruptura epistemológica donde solo el Marx 'científico' (revolucionario) tiene algún interés. Por el contrario, la idea de Marx descrita por Arendt y Fromm dibujan una visión de un pensamiento más rico en toda su complejidad.

Las posiciones ideologicistas de Althusser -"en la ideología es donde los hombres toman conciencia de su combate de clase y lo llevan hasta el fin"[97]- sirvieron para reafirmar un 'marxismo' radical que acabo por justificar las grandes atrocidades que en el nombre de Marx se cometieron durante los años de la descolonización y de la guerra fría, siendo conocido su apoyo al grupo terrorista Brigate Rosse y su simpatía por la China de Mao coincidiendo con el máximo momento de terror.

Delirios solamente posibles desde un proceso de patrimonialización totalitaria del pensamiento de Marx que tanto Arendt como Fromm denuncian.

Una patrimonialización que tiene para Fromm su origen con la apropiación que desde el leninismo se hizo de la obra de Marx:

"Otra razón descansa en el hecho de que los comunistas rusos se apropiaran la teoría de Marx y trataran de convencer al mundo de que su práctica y su Teoría siguen las ideas de aquél. Aunque lo contrario es lo cierto, Occidente aceptó las

---

95 Idem ARENDT (2007). Página 18
96 Idem ARENDT (2007). Página 62
97 Idem ALTHUSSER (1976). Prólogo a la segunda edición

pretensiones de la propaganda y ha llegado a dar por supuesto que la posición de Marx corresponde a la concepción y la práctica rusas."[98]

Pero que para Arendt tiene sus orígenes en el inicio de la confrontación política en la que se enmarco la actividad del propio Marx:

"desde el mismo comienzo las posiciones a favor y en contra de él cayeron bajo las líneas convencionales de la política de partidos, de manera que para sus partidarios cualquiera que hablara a favor de Marx era considerado 'progresista' y cualquiera que hablara en contra de   él 'reaccionario'."[99]

En todo caso, y esta es la cuestión central, la idea de Althusser sobre un Marx científico que desarrollo el socialismo en el laboratorio social de las estructuras económicas se confronta, no con Fromm o con Arendt, sino con el carácter emancipador del propio pensamiento de Marx.

La revolución rusa y las otras posteriores que se han guiado por ese método 'científico' son la mayor ejemplificación del fracaso de esa lógica. La revolución triunfa como golpe político, pero fracasa como movimiento emancipador. Tras el triunfo de la revolución los estándares democráticos no se amplían. La democracia liberal da paso a un sistema totalitario (tal como señala el propio *Máximo Gorki* a propósito de la rápida disolución de la Asamblea Constituyente *"son los mártires de una experiencia democrática de apenas unas horas que se llevaba esperando cientos de años")*. La participación de los trabajadores en las decisiones del Estado es sustituida por una oligarquía que se vertebra alrededor del partido. Las fuerzas productivas lejos de liberarse, cambian el dominio del mercado por el dominio de la burocracia, con lo que el esperado proceso de desalienación, que iba venir de la mano del socialismo, lejos de resolverse, se agrava. La nueva economía estatalizada, controlada por una nueva élite, no resuelve los desequilibrios y mejora la redistribución de la riqueza, sino que genera un igualitarismo con niveles de bienes materiales bajos.

El gran error de la visión de Althusser es pensar que la liberación solo se da en el campo de los mecanismos económicos y no en la acción política y social. El problema de llevar adelante un proceso de cambio sistémico en un país con niveles de desarrollo bajos, no es solo que sus fuerzas productivas no sean las imaginadas por Marx para el tránsito del capitalismo al socialismo, sino que el subdesarrollo económico, va en paralelo a un subdesarrollo político (democrático) y cultural (espiritual). La revolución rusa y otras llevadas adelante en países de la periferia del capitalismo, demuestran que se pueden llevar adelante por un golpe de fuerza, pero son un fracaso en términos de justicia social y ampliación de derechos políticos. Y quizás por eso, y no solo

---

98 Idem FROMM (1970). Página 10

99 Idem ARENDT (2007). Página 14

por una cuestión económica, Marx y Engels tenían razón cuando intuían que el transito al socialismo debía partir del centro del capitalismo más desarrollado.

Sea como fuera en la idea de Fromm y Arendt, continuadoras de la visión de Gramsci, y precursoras de los que posteriormente fue el bullicio intelectual propiciado por la perestroika, están las claves para restituir el pensamiento de Marx en la posición de pensador ilustrado al que pertenece.

Capítulo 08

Perestroika: la revolución de las esperanzas

*"Hasta ahora la teorización se realizaba a través
de amontonar citas, reproducir estereotipos triunfalistas o discusiones
bizantinas, con tendencias a la criminalización del disidente"*

Kiva Maidanik

El 11 de marzo de 1985 era elegido Secretario General del PCUS Mijaíl Gorbachov y con ese cargo asumía el poder absoluto del estado soviético y sus países satelizados, en una estructura altamente verticalizada.

Perteneciente a una generación de jóvenes cuadros reformistas del PCUS, formados durante el periodo de la burocracia brevsneviana e impulsados a puestos de responsabilidad ejecutiva dentro del PCUS durante la secretaria general de Yuri Andrópov (12 de noviembre de 1982 - 9 de febrero de 1984), Mijaíl Gorbachov y sus colaboradores tuvieron que esperar el breve interregno de Kostantin Chernenko (Secretaria general del PCUS; 13 de febrero de 1984 - 10 de marzo de 1985).

Yuri Andrópov, el jefe de la toda poderosa policía política soviética, era un defensor de las bondades del régimen soviético y un comunista convencido. Mantuvo las posiciones más extremas en toda su trayectoria. Con un papel determinante como embajador en Hungría durante la revuelta húngara de 1956. En su papel de responsable del KGB durante el aplastamiento de la primavera de Praga o en su posición favorable a la invasión de Afganistán. También se destacó en la persecución de la disidencia interna.

Leninista convencido, esa actitud extremista iba paralela a su persecución de la corrupción en el partido o en la promoción de una nueva generación de comunistas preparados académicamente y formados en el espíritu del primer leninismo: *Mijaíl Gorbachov* (Secretario General del PCUS 1985-1991 y Presidente del Soviet Supremo 1988-1990/Presidente de la URSS 1990-1991), *Nikolái Rizhkov* (Primer Ministro

1985 - 1991), *Eduard Shevardnadze* (Canciller de exteriores 1985-1991), *Aleksandr Yákovlev* (Responsable ideológico del politburó del PCUS 1987-1991), *Yegor Ligachov* (número 2 del politburó 19885-1991, se fue distanciando y acabó liderando el sector conservador del PCUS), *Yeyeni Primakov* (Presidente del Soviet Supremo 1989-1990). Caso aparte merece *Boris Yeltsin*, a pesar de nunca llegar a la cúpula del PCUS aprovechó su gran popularidad, primero en Moscú y después en Rusia, para encabezar dentro del CC del PCUS el rival político de Gorbachov, representando su ala más aperturista y convirtiéndose en el primer presidente de la Rusia postsoviética.

Personalidades claves en el desarrollo de la Perestroika como el propio Aleksandr Yakolev señalan claramente en la importancia de Andropov que, a pesar de su distancia ideológica y cultural, le reconoce un papel central en el viraje posterior de los acontecimientos al *"volver a ocupar un alto cargo en Moscú en 1983, después de un exilio de diez años como embajador en Canadá tras atacar el chovinismo ruso, y reemplazar durante su etapa de Secretario General del PCUS funcionarios mayores por otros considerablemente más jóvenes"*.

Igualmente coincide en esta percepción *Kiva Maidanik*, uno de los intelectuales más próximos a Gorbachov, al señalar *"al compañero Andropov como el precursor de la Perestroika (...) introduce en el pueblo la conciencia de la necesidad de un cambio cualitativo (y) gracias a sus acciones resultó posible la victoria de los renovadores en el año 1985"*[100]

Se trataba de una generación de neo-leninistas que buscaban en los orígenes de la Revolución de Octubre las pautas para una regeneración del sistema, aunque a medida que la Perestroika de abría camino e iban afianzando la idea de que el sistema tenia demasiadas errores originales que imposibilitaban construir una sociedad socialista de carácter democrático, fueron buscando soluciones bien en un capitalismo con fuerte impronta socialdemocracia inspirado en los modelos más avanzados de los países nórdicos (caso del propio *Gorbachov*) o bien en un capitalismo de carácter más neoliberal (del que *Boris Yeltsin* es su máximo representante).

Estos debates se hicieron frecuentes durante los últimos dos años de la perestroika (1990-1991) donde desde la nueva figura de Presidente de la URSS, Gorbachov intentó liderar el nuevo proceso constituyente soviético. La tensión doble generada desde el poder de la Federación Rusa, que quería imponer las posiciones más neoliberales en dicho proceso, y la dinámica centrifuga de las nacionalidades no rusas, especialmente en las repúblicas bálticas donde las fuerzas democráticas se concentraron en torno un programa de acción independentista, soliviantaron a los sectores ultras de la ortodoxia del partido y del ejército, promoviendo un golpe de estado (19/08/91)

---

100 Harnecker, Marta; Maidanik, Kiva y Zamkova, Nadia (1987-1989); Perestroika, la revolución de las esperanzas; Editorial Txalaparta; Tafalla 1990; páginas 60-61

que al fracasar precipitaría, en última instancia, la disolución de una URSS que ya solo era un armazón institucional sin capacidad ninguna de integrar las fuerzas vivas del proceso.

Si bien el arquitecto del proceso de reformas es sin duda Mijaíl Gorbachov, desde el primer momento la Perestroika tuvo otros tres frentes centrales.

El primero era el de la aceleración y transformación productiva de la economía. Esa tarea liderada por Nikolái Rizhkov, desde el puesto de primer ministro, intentaba crear los mecanismos económicos de una progresiva desestatalización de la economía en la frontera con el capitalismo más intervencionista, tomando para ello como referente la NEP de los años 20 y su propuesta de economía mixta estatal-privada.

El segundo era el de la democratización y las libertades civiles y culturales. Si *Gorbachov* es el arquitecto de la Perestroika, *Aleksandr Yakolev*, como máximo responsable ideológico del PCUS y potente intelectual, fue el ideólogo de la perestroika. La libertad de opinión y transparencia informativa (Glasnost) fue la primera gran tarea de la perestroika y encontró una gran prueba de fuego en los acontecimientos relativos al accidente de la central nuclear de Chernóbil y al tratamiento público de la guerra de Afganistán. Un segundo aspecto fue el impulso a una nueva generación de creadores culturales sin censura y a la rehabilitación de condenados y purgados por el estalinismo.

El tercero era las relaciones internacionales, tanto en su vertiente intramuros (con los otros países comunistas) como con occidente. Al frente de esa tarea estuvo el canciller *Eduard Shevardnadze* y seguramente sea el campo en el que el nuevo pensamiento tuvo más éxitos. Inicialmente abriendo un nuevo estadio en las relaciones con occidente basadas en la superación de la guerra fría y con la firma de importantes acuerdos de desarme. Posteriormente en la última fase con el fin del control de países satelizados, dejando caer el poder de los partidos comunistas hermanos y facilitando una democratización de toda el área de influencia soviética.

Nuestro interés viene dado por lo que en el debate que nos ocupa, la diversa interpretación del marxismo, pero es imposible hacerlo sin una aproximación temporal a la evolución de los acontecimientos y como eses tres aspectos - económico, cultural e internacional - fueron cambiando de mirada y de prioridades.

Tres son las fases que configuran la evolución del episodio de cambio, en las que podemos ver a través de los documentos oficiales – fundamentalmente del PCUS – y declaraciones no solo las necesidades y las urgencias y como estas fueron cambiando.

También a lo largo de los seis años fue cambian la gramática y el estilo de los textos oficiales, pero fundamentalmente, el cambio de estado de ánimo en la población desde la desconfianza inicial al hastío final, pasando por la esperanza en la fase intermedia, y en la clase dirigente, del entusiasmo inicial a la resolución traumática final de las innumerables contradicciones que se fueron apilando en los despachos del Estado Soviético y del Partido Comunista.

66 Fases (e hitos más relevantes) en las que podemos ordenar un proceso que fue corto temporalmente, pero intenso en cuanto riqueza de acontecimientos y debates:

1. Fase de toma de contacto con la realidad soviética y primeras medidas reformistas. Desde marzo de 1985 (llegada de Gorbachov a la secretaria general del PCUS) hasta marzo de 1986 (celebración del XXVII congreso del PCUS).

   (Algunos hitos de esta fase)

   — Pleno Comité Central del PCUS (abril 85). Se renueva el Buro Político. Se aprueba la "estrategia de la aceleración y de activación del factor humano".

   — Encuentro ciudadano durante la visita de Gorbachov a Leningrado (mayo 85)

   — Anuncio por la URSS de moratoria unilateral nuclear

   — Campaña contra el alcoholismo

   — Visita de Gorbachov a Francia (octubre 85) encuentro con Mitterrand y puesta en sociedad del "nuevo pensamiento" de política internacional.

   — Cumbre de Ginebra (noviembre 85) entre los presidentes de la URSS y USA, Gorbachov y Reagan, marca el inicio del fin de la 'guerra fría'.

   — XXVII Congreso del PCUS (febrero 86)

2. Fase de despliegue de la Perestroika, las propuestas políticas cara a un estado de derecho socialista, la irrupción de la Glasnost y las reformas liberalizadoras de la economía. Desde abril de 1986 (accidente de Chernóbil) hasta marzo de 1989 (elección por sufragio universal del Congreso de Diputados del Pueblo de la URSS).

   (Algunos hitos de esta fase)

   — Accidente de la central nuclear de Chernóbil (12 de abril del 86) nace la Glasnost

   — Cumbre de Reikiavik (octubre 86) entre los presidentes de la URSS y USA, Gorbachov y Reagan, sienta las líneas para futuras negociaciones de desarme.

   — Pleno Comité Central del PCUS (enero 87) que aborda las líneas centrales de la Perestroika.

   — Acuerdo de desarme Tratado de reducción de misiles de medio y corto alcance INF (diciembre 87)

- XIX Conferencia Nacional del PCUS (junio 88) que aborda la reforma del Estado.

- Proceso de rehabilitación de víctimas de la dictadura y la represión. Liberación del Andrei Sajarov, símbolo de la disidencia (diciembre 86).

- Intensa actividad internacional con encuentros con distintos líderes occidentales con el fin de asentar una nueva orden internacional sucesora de Yalta (*François Mitterrand, Margaret Thatcher, Helmut Kohl, Mario Soares, Felipe González, Ronald Reagan, George Bush,* ...).

- Gira de Gorbachov por los países aliados para acelerar los cambios en su área de influencia y trasladar a sus dirigentes (*Gustav Husak, Erich Honecker, Nicolae Ceausescu,* ...) el desinterés de la URSS por mantener ningún gobierno con ayuda asistida.

- Retiradas de las tropas soviéticas de Afganistán (enero 89).

- Elección por sufragio universal del Congreso de Diputados del Pueblo de la URSS (marzo 89).

3. Fase constituyente de la nueva URSS, primeros debates para la construcción de un estado de derecho socialista y nuevas contradicciones no solucionables en el marco de la Unión. Desde de mayo de 1989 (I Congreso de Diputados del Pueblo de la URSS) a diciembre de 1991 (disolución de la URSS).

(Algunos hitos de esta fase)

- I Congreso de Diputados del Pueblo de la URSS (mayo 89).

- Visita de Gorbachov a Pekín (mayo 89).

- Caída del muro de Berlín (noviembre 89).

- Elección de Mijaíl Gorbachov como primer Presidente de la URSS (marzo 90).

- XXVIII Congreso del PCUS (Julio 90) aprueba el fin del monopolio político del partido.

- Tratado de Reducción de Armas Estratégicas. Acuerdo START I (julio 91).

- Golpe de Estado promovido por sectores conservadores (agosto 91).

- Tensión en las repúblicas Bálticas. Declaración de independencia de Lituania (11 de marzo de 1990), Declaración de Independencia de Letonia (4 de mayo de 1990), Declaración de independencia de Estonia (20 de agosto de 1991).

Si nos acercamos al debate epistemológico que la Perestroika genero tenemos obligación de referenciar el posible precedente en el proceso de la desestalinización abierto en el PCUS bajo la dirección de Nikita Kruschov al frente de la secretaría general del partido (1953-1964).

En el capítulo 7 abordábamos como en la segunda mitad de los años 50 y la primera mitad de los años 60 del siglo XX se produce un importante debate sobre la epistemología de la obra de Marx. Sin duda los vientos de cambio y apertura que llegaban desde Moscú al calor de las conclusiones del XX congreso del PCUS (1956) fueron determinantes en la apertura de ese debate, fundamentalmente en lo referido a la recuperación del humanismo como elemento nuclear del pensamiento de Marx.

Es normal, pues, que desde los primeros pasos de la Perestroika exista una observación comparativa con esa experiencia renovadora previa y la lógica de buscar los elementos comparativos entre ambos episodios. Al fin y al cabo, ambos estaban presididos por una renovación de la praxis marxista de carácter leninista.

Y aunque el episodio fue lo suficientemente corto - once años - para no dar tiempo a desplegar toda su potencialidad, la dirección política de la perestroika contó con menos tiempo - seis años - para poder desarrollar el proyecto en unas condiciones económicas y políticas más adversas y complejas. En cualquier caso, ambos episodios se cerraron de forma traumática y sin lograr sus objetivos iniciales, aunque en ambos casos definieron una realidad diferente.

En todo caso era tal la confianza de los impulsores de la Perestroika en sus bondades y éxitos que, en un voluntarismo subjetivo, fruto del ambiente optimista que reinaba en el círculo de Gorbachov, que se marcaba en 5 años el espacio temporal para afianzar los cambios en la sociedad soviética. El historiador *Kiva Maidanik*, responsable del Instituto de Economía Mundial y Relaciones Internacionales de la URSS y próximo a Gorbachov, aseguraba en una entrevista realizada en septiembre de 1987, 30 meses después del inicio de la perestroika, que la misma estaba en la mitad del camino.

Y señalaba como completada una primera fase de elaboración teórica del proyecto y de asunción por las fuerzas rectoras del mismo (principalmente el PCUS) y el pueblo soviético:

"Se ha logrado realizar una renovación de los cuadros de dirección, la elaboración de la nueva estrategia, el nuevo mecanismo económico y se inician los cambios en la superestructura política. (...) Se ha creado un nuevo ambiente político, psicológico y moral, que se expresa en que comienza el despertar de las masas. Además, se produce un cierto mejoramiento de la situación económica, se liquidan los nudos de corrupción más descarados (...) Se produce un cambio radical en la opinión pública mundial respecto a la URSS y su política, tanto en lo interno como en lo externo. Esas son, en síntesis, las principales cosas logradas."[101]

101 Harnecker, Marta; Maidanik, Kiva y Zamkova, Nadia (1987-1989); Perestroika, la revolución de las esperanzas; Editorial Txalaparta; Tafalla 1990; páginas 63-64

Convencido, a la vez, de que se entraba en la fase segunda de despliegue practico de las propuestas de la Perestroika, convencido que a pesar de que se produciría una contienda entre lo nuevo y lo viejo nada hacía presumir una derrota de las fuerzas del cambio:

"Ya se terminó la primera etapa de la perestroika: el arranque organizativo e ideológico, la elaboración del proyecto. Ahora empieza la parte decisiva, lo que los yanquis llaman el despegue práctico. Esto quiere decir que tenemos por delante dos o tres años muy difíciles en que se dará una lucha entre lo nuevo y lo viejo en todos los terrenos.

No hemos logrado todavía un cambio radical en el estilo de funcionamiento del aparato, de modo particular en la periferia de la Unión Soviética. En su mayor parte sigue funcionando según las normas de otrora. Con frecuencia el aparato en los niveles bajo y medio no sabe qué hacer con los nuevos derechos obtenidos o, más bien, otorgados; sigue esperando las instrucciones de arriba.

Eso no sólo pasa con los organismos del Estado y de masas, lo mismo pasa con los organismos del Partido. Tampoco hemos logrado un consecuente estado de participación de las masas. Estas simpatizan, alientan el proceso, pero todavía no participan en su mayoría como protagonistas directos de lo nuevo."[102]

Volviendo sobre la anterior experiencia renovadora (XX Congreso del PCUS) Kiva Maidanik va a poner el acento sobre la incapacidad del equipo de Kruschov de tener un auténtico proyecto democrático:

"A mi modo de ver, Kruschov desempeñó un papel muy positivo desacralizando el culto y abriendo objetivamente el paso al proceso de democratización, pero el problema fue que él vio mucho mejor lo que no quería, lo que se debía deshacer, que lo que quería, es decir, aquello que era necesario construir. O sea, no tuvo un programa renovador positivo, profundo, que abarcara todos los espacios de la sociedad. Combatió el culto, la represión, etc., lo que fue importantísimo, pero cayó en la ilusión de que una vez que estas cosas fueran eliminadas los demás problemas iban a ser resueltos por sí solos o, más bien, por nuevas, ahora buenas, soluciones autoritario-verticalistas. Él no se daba cuenta que había que buscar la raíz del problema más allá de la personalidad de Stalin."[103]

Al observar la paradoja de que los planes de reforma económica continuaran tras la caída de Kruschov lleva a una conclusión clara de que las reformas económicas si no van acompañadas de propuestas de renovación política están destinadas al fracaso:

---

102 Harnecker, Marta; Maidanik, Kiva y Zamkova, Nadia (1987-1989); Perestroika, la revolución de las esperanzas; Editorial Txalaparta; Tafalla 1990; página 64

103 Idem Harnecker, Marta; Maidanik, Kiva y Zamkova, Nadia (1987-1989); página 71

70

"Ocurrió una cosa rara e interesante (tras la sustitución de Kruschov). El segundo intento de la renovación se realizó (...) no por la vertiente política, sino por la vertiente de la reforma económica, preparada en el tiempo de Kruschov, pero proclamada en 1965. Sus cimientos eran similares a los actuales, pero se cayó nuevamente en la ilusión de que se podía transformar solo un aspecto de la realidad sin tocar los demás y, sobre todo, sin apoyarse en el proceso de democratización. No se tomó en cuenta toda la fuerza de resistencia del aparato burocrático, y, poco a poco, ese proceso se empantanó hacia fines de los años 60. En la misma época se agotó o fue ahogado el impulso a la democratización. Se impuso en la vida interna del país el estilo del conservadurismo, comenzó el proceso de estancamiento y después de la tragedia del culto a la personalidad de Stalin tuvimos una farsa: el culto sin personalidad (farsa que crea sus propias tragedias)."[104]

El fracaso del episodio de cambio de los 50 vacunó a los nuevos renovadores contra las tentaciones tecnocráticas de resolución de los problemas y de las conclusiones a tener en cuenta era que las reformas políticas tenían que tener como elemento nuclear la democratización y la implicación de la sociedad en las mismas:

"La desestalinización fue un comienzo necesario del proceso, pero era imprescindible ir más a fondo, descubrir que elementos del sistema dieron pie al surgimiento de este fenómeno. De ahí tanto la incomprensión y la no solución de los problemas relacionados con la remodelación económica, como las contradicciones profundas y las limitaciones en la política de democratización (...) En la época de Kruschov existía, sin embargo, un terreno más fértil para el arranque de la nueva mentalidad que en nuestra sociedad en los años 80. En aquel entonces no existía todavía la cultura del estancamiento. El estado de ánimo de la población todavía estaba marcado por el discurso de la revolución, de la guerra, por el entusiasmo y la gran receptividad a los mensajes recibidos desde arriba. Las resoluciones del XX Congreso conmovieron a todo el país. Se creó y desarrolló hasta los promedios de los 60 un fuerte despertar de la corriente de búsquedas democráticas por abajo de la sociedad (...). Estas son las astucias y las ironías de la historia. Dos premisas básicas para la renovación se dieron separadas históricamente: el estado de ánimo de las masas en los años 50 y la comprensión profunda de la necesidad de cambios radicales en todos los aspectos, y la elaboración de un programa científico para llevarlos a cabo por la dirección del Partido en los años 80."[105]

---

104 Idem Harnecker, Marta; Maidanik, Kiva y Zamkova, Nadia (1987-1989); páginas 72-73

105 Idem Harnecker, Marta; Maidanik, Kiva y Zamkova, Nadia (1987-1989); páginas 71-72

La perestroika era, pues, un proceso de renovación del socialismo (de raíz leninista) que se desarrollaba simultáneamente en tres frentes políticos: la reestructuración económica (proceso de descentralización y autogestión), libertad de opinión y derechos humanos (transparencia y verdad - glasnost -) y proceso de reforma constituyente (estado de derecho socialista).

A la vez que se daba un profundo debate epistemológico en el seno de los comunistas que culmina en el XXVIII Congreso del PCUS (1990), que aprueba el fin del monopolio del partido en la acción política; y un viraje en política internacional para definir el mundo post Yalta (nuevo pensamiento).

XXVII Congreso del PCUS (febrero-marzo 1986)

Un año después de la llegada a la secretaría general del PCUS, Mijaíl Gorbachov, se va a celebrar el XXVII Congreso del Partido (febrero 86) que se va a convertir en la primera gran cita colectiva de las élites comunistas desde que, en mayo del 85, en un encuentro inusual en plena calle, *Mijaíl Gorbachov* apelará al pueblo soviético para abordar una nueva etapa política. El estilo y la literatura de los documentos aprobados - nuevo programa del PCUS y nueva redacción de estatutos -, no son más que meras actualizaciones de los anteriores y entre las declaraciones de principios y de consignas habituales no se vislumbra nada significativo que haga pensar que estamos ante el inicio ideológico de un viraje trascendental.

Pero en el Congreso, además del 'Informe Político' que en nombre del C.C. del Partido presenta Mijaíl Gorbachov que plasman las líneas maestras del proceso de renovación; el Presidente del Consejo de Ministros, *Nikolai Rizhkov*, presenta un informe sobre las *orientaciones fundamentales del desarrollo económico y social de la URSS en 1986-1990 y hasta el año 2000'*.

El documento tiene el formato de un nuevo plan quinquenal, memorándum al uso de la practica económica soviética, pero contiene nuevos elementos para abordar la revolución científico-técnica de la economía y pautas para incorporar nuevos mecanismos de control democrático y de autogestión de la misma.

Si en términos políticos y de ideas es inevitable referenciar el periodo abierto por el XX Congreso del PCUS (1956), en el plano de la reestructuración económica era inevitable tener presente el otro periodo de apertura: la Nueva Política Económica NEP (1922-1928).

Existían similitudes claras con la NEP, desde la incorporación de iniciativa privada a las formas de propiedad a el impulso de la autogestión de empresas, pasando por la reactivación de la economía social y cooperativa.

En el Informe Político presentado por *Mijaíl Gorbachov*, en nombre del CC del PCUS, al Congreso se expresa la *"decisión (del partido ante la nueva situación) de realizar transformaciones urgentes siguiendo el planteamiento hecho por el Pleno de Abril de 1985 de acelerar el desarrollo socioeconómico de nuestra sociedad"*[106]

Desarrollo que vincula la democratización con la democratización económica:

"La aceleración del desarrollo de la sociedad es inconcebible e imposible sin el continuo avance de la democracia socialista, de todos sus aspectos y manifestaciones.

(...) reclaman un consecuente e indeclinable desarrollo de la autogestión socialista del pueblo."[107]

En el plazo de un año (1987):

"Se adopta la reforma económica, la ley de empresa (en el plazo de cuatro meses el 60% de nuestra industria comienza a trabajar según esta ley) y se aprueba la ley del trabajo individual. El proceso de cambios toca un terreno tras otro."[108]

Y dos años después (1988) se promulgaba la Ley de Cooperativas que resucitaba la propiedad privada empresarial en empresas de servicios, industria manufacturera y sectores de comercio exterior. Además de mejoras fiscales y sociales para las cooperativas en el campo.

Kiva Maidanik entiende que, si bien la NEP incorporaba aspectos capitalistas para un cierto repliegue táctico, la reestructuración económica que formula la Perestroika por el contrario tiene una perspectiva estratégica de más socialismo:

"Sin embargo, mientras que, en la NEP, sí había elementos de repliegue -retroceder para cobrar impulso- hacia relaciones capitalistas, en la perestroika no hay ni un sólo aspecto, elemento, solución, de repliegue, de retroceso hacia el capitalismo o hacia cualquiera tendencia anti socialista.

Hay más, la perestroika no consiste en pasar del asalto al asedio sino, todo lo contrario, de un asedio bastante débil al asalto. A un asalto contra nuestras propias debilidades, defectos, deformaciones, herencias negativas del período de transición. A un asalto en cosas que implican encarnar en toda su amplitud los ideales originales del socialismo y las ideas de Marx y Lenin. Se trata de renovar en base a estas cosas toda nuestra sociedad, de una revolución dentro de la revolución, es decir, dentro del proceso iniciado hace 70 años por la Revolución

---

106 Gorbachov, Mijaíl (1986); Informe político del Comité Central del PCUS al XXVII Congreso del Partido (versión en español); Editorial de la Agencia de Prensa Nóvosti; Moscú, 1986. Página 5

107 Idem Gorbachov, Mijaíl (1986); página 70

108 Idem Harnecker, Marta; Maidanik, Kiva y Zamkova, Nadia (1987-1989); páginas 61-62-63

de Octubre. Tanto nuestros logros como nuestras deficiencias, tanto la situación interna como internacional, nos han colocado ante la necesidad apremiante y la posibilidad objetiva de realizar transformaciones radicales, cualitativas, de lo que hasta entonces se había construido. La perestroika implica todo eso y por eso resulta bastante difícil traducir esta palabra."[109]

Más allá de la reestructuración económica, combinativa entre una mayor participación de los trabajadores en las empresas y de la aceleración productiva, la Perestroika es una apuesta integral:

"Se trata (la Perestroika) de una estrategia integral que, a mediano y en cierto sentido a largo plazo, debe cambiar radicalmente todos los aspectos de la vida de la URSS haciéndola cada vez más socialista, dándole una nueva calidad a toda nuestra sociedad. Ahora bien, los tres ejes centrales de esta estrategia, que se entrelazan y condicionan entre sí, constituyendo, en unas etapas del proceso sus condiciones y, en otras, sus consecuencias objetivas, son: la aceleración del desarrollo económico y social, la remodelación del mecanismo económico socialista y la renovación radical de la superestructura de la sociedad."[110]

Para lo que se hace necesario un espíritu creador e innovador:

"Precisamente la situación económica y política concreta en que nos encontramos, precisamente la fase especial del proceso histórico por la que atraviesa la sociedad soviética y el mundo entero, exigen del Partido y de cada comunista espíritu creador e innovador, capacidad para salir del marco de las nociones habituales, pero ya caducas."[111]

Y en la que la democracia es un elemento nuclear:

"La democratización de toda la vida de la sociedad se presenta como la condición principal, sine qua non, de todo el proceso. Así fue enfocado el problema en el Pleno de Enero y, después, en todos los planteamientos de la dirección del PCUS de este año.

(...) La perestroika no es posible sino mediante la democracia, gracias a la democracia. 'Solo así puede liberarse la fuerza más poderosa del socialismo: el trabajo libre y el pensamiento libre dentro de un país libre'. (...)

La democratización es tanto una condición de la perestroika como su método y objetivo. Pero tienes razón, debe ser también la garantía de su irreversibilidad."[112]

---

109 Idem Harnecker, Marta; Maidanik, Kiva y Zamkova, Nadia (1987-1989); página 12

110 Idem Harnecker, Marta; Maidanik, Kiva y Zamkova, Nadia (1987-1989); página 57

111 Idem Gorbachov, Mijaíl (1986); página 6

112 Idem Harnecker, Marta; Maidanik, Kiva y Zamkova, Nadia (1987-1989); páginas 41- 42

Y la libertad de opinión (de los ciudadanos) y de expresión (de los medios informativos) es una herramienta central:

74

"Debemos acabar, y de modo revolucionario, con la práctica de que unos cuantos anuncian las verdades desde las alturas del poder, mientras que los otros se limitan humildemente a escuchar. El socialismo es incompatible con la situación en que los individuos son apartados de las decisiones acerca de los problemas vitales. En este caso no se trata de socialismo, sino de algo profundamente ajeno a ello. De hecho, nuevamente estoy citando a un miembro de nuestro Buró Político. En relación a este problema de la verdad, pensamos, como ha dicho el compañero Gorbachov, que esta cuestión no puede plantearse como más verdad o menos verdad. La verdad es una sola y debe ser total. Pues se trata del derecho del pueblo a conocer la verdad, solo la verdad y toda la verdad."[113]

El proceso de la Perestroika tuvo dos momentos clave en su desarrollo ideológico y programático. En enero de 1987, en el ecuador del proceso de reformas, se celebró un Pleno Central del PCUS que por sus deliberaciones adquirió un carácter extraordinario, y se definió con claridad el programa de la Perestroika, En junio de 1988 la Conferencia nacional del PCUS debatió y aprobó la hoja de ruta para el proceso constituyente de la nueva URSS.

Pleno del C.C. del PCUS (27-28 de enero 1987)

Durante el Informe Político presentado por Mijaíl Gorbachov se definió, tras dos primeros años de concreción, las ideas centrales de la reforma: el modelo de socialismo, los pilares de la renovación, el papel central de la democracia y el cambio del modelo económico.

a.   ¿Qué es el socialismo?

"Solo mediante el desarrollo consecuente de las formas democráticas propias del socialismo y la ampliación del autogobierno se puede avanzar en la producción, la ciencia, la técnica, la literatura, la cultura y el arte, en todas las esferas de la vida social (...) Solo mediante la democracia y gracias a la misma se puede lograr la renovación. Solo de este modo se puede abrir camino a la fuerza creadora más poderosa del socialismo: el trabajo y el pensamiento libres en un país libre"[114]

---

113 Idem Harnecker, Marta; Maidanik, Kiva y Zamkova, Nadia (1987-1989); página 47

114 Boletín de Información; Pleno del CC del PCUS (27-28 de enero de 1987); Editorial Internacional Paz y Socialismo; Praga 1987. Informe político de Mijaíl Gorbachov; página 23

b. ¿En qué se fundamenta la renovación?

"La Renovación supone apoyarse sobre la vía de la creatividad de las masas, desarrollar de modo multilateral la democracia y el autogobierno socialista, estimular la iniciativa, fortalecer el orden y la disciplina, ampliar la transparencia, la crítica y la autocrítica en todos los campos de la sociedad; mostrar un alto respecto al valor y la dignidad del individuo.

La renovación supone utilizar indeclinablemente los factores intensos del desarrollo de la economía soviética (...)

La renovación supone dar un brusco viraje hacia la ciencia, establecer una enérgica cooperación entre esta y la practica (...)

La renovación implica dar prioridad al desarrollo de la esfera social y satisfacer a plenitud las demandas que los soviéticos presentan de buenas condiciones de trabajo, vida, descanso, enseñanza y asistencia médica (...)

La renovación implica librar enérgicamente de las tergiversaciones de la moral socialista a la sociedad y aplicar firmemente los principios de justicia social"[115]

c. Sobre la democracia

"la democratización de la sociedad soviética en todas las esferas de su vida, presenta importancia, sobre todo, porque con ella estamos relacionando el desarrollo de la iniciativa de los trabajadores, el empleo de todo el potencial del régimen socialista. Se necesita para el avance, para que en la sociedad se fortalezca la legalidad y triunfe la justicia, para que afiance la atmosfera moral, en la cual pueda el hombre vivir libre y trabajar fructíferamente."[116]

Y su importancia en el proceso de reformas, recalcaba en la intervención final:

"(La democratización) será la palanca que nos permitirá incorporar al pueblo, como fuerza fundamental, a la renovación. Si no hacemos esto, no resolveremos los problemas de la aceleración ni aseguraremos la renovación. Sencillamente no habrá renovación.

(...)Fomentando e impulsando la democracia socialista, descubriendo su potencial, creamos seguras garantías para que no se vuelvan a repetir los errores del pasado. (...)

Necesitamos la democracia como necesitamos el aire. Si no comprendemos esto, incluso si lo llegamos a comprender, pero no damos pasos reales y serios

---

115 Ídem Boletín de Información; Pleno del CC del PCUS (27-28 de enero de 1987); páginas 13-14

116 Ídem Boletín de Información; Pleno del CC del PCUS (27-28 de enero de 1987); página 34

para ampliarla, impulsarla e incorporar a los trabajadores del país al proceso de renovación, nuestra política y nuestra renovación se extinguirá". [117]

Con una advertencia clara a los militantes y dirigentes del Partido:

"Al parecer, a algunos compañeros les cuesta trabajo comprender que la democracia no es solo una consigna, sino la esencia misma de la renovación. Cada uno debe cambiar sus costumbres y sus criterios, para no verse al margen de la vía maestra del desarrollo del país"[118]

Y el en esta reunión que se explicita por primera vez con claridad la idea central del proceso de emprender una reforma constituyente hacia un estado de derecho:

"La verdadera democracia no existe al margen de la ley, ni por encima de ella" [119]

d.   Cambio del modelo económico

El campo de la economía era sin duda en el que la velocidad de los cambios iba más rápido que en el del armazón jurídico-político. En el año 88 se implementaría una buena parte del programa de reestructuración económica.

"Cabe decir en especial unas palabras sobre la propiedad socialista. Se ha debilitado seriamente el control sobre quienes gobiernan esta propiedad y sobre como la gobiernan. Con frecuencia se veía roída por el departamentalismo y el localismo, era una 'propiedad de nadie', gratuita, privada de dueño, y con frecuencia se la utilizaba para extraer ingresos ilegales.

Era errónea la actitud mantenida respecto a la propiedad cooperativa, presentada como algo de 'segundo orden' y carente de perspectivas. (...)

Consecuencias especialmente graves tuvo la restricción de la autonomía económica de las empresas, lo cual socavaba las bases de la incentivación económica, obstaculizaba la consecución de altos resultados finales, disminuía la iniciativa laboral y social de la gente."[120]

XIX Conferencia nacional del PCUS (28 junio – 1 julio 1988)

El año 88 fue cuando ya se abordó abiertamente el proceso constituyente para una nueva Unión:

---

117 Boletín de Información; Pleno del CC del PCUS (27-28 de enero de 1987); Editorial Internacional Paz y Socialismo; Praga 1987. Palabras de clausura de Mijaíl Gorbachov; página 82

118   Ídem Boletín de Información; Pleno del CC del PCUS (27-28 de enero de 1987); páginas 25-26

119 Ídem Boletín de Información; Pleno del CC del PCUS (27-28 de enero de 1987); página 33

120 Ídem Boletín de Información; Pleno del CC del PCUS (27-28 de enero de 1987; página 8

"La meta final de la reforma del sistema político y el criterio principal para juzgar del éxito con que vaya plasmándose en la práctica son el enriquecimiento multifacético de los derechos del hombre y la creciente actividad social de los soviéticos."[121]

El amplio apartado II del Informe de la Conferencia, que enmarco los trabajos de la misma, llevaba por título *"la reforma del sistema político, importantísima garantía de la irreversibilidad de la perestroika".* De entre sus apartados tres de ellos abordaban una verdadera ruptura con el marco constitucional vigente, plasmado en la constitución de 1977, en tres aspectos centrales: los derechos humanos, la democratización de la administración del estado y su descentralización, y en el estado de derecho socialista.

A. *Los derechos humanos*

El comunismo leninista siempre tuviera recelos con los derechos humanos, en tanto en cuanto, afirmaba el interés común por encima, y en algunos casos como el de la propiedad como incompatible, con los derechos del individuo.

La perestroika va a abordar el tema desde una perspectiva humanista y cuasi liberal:

"Los derechos humanos en nuestra sociedad non son un don del Estado ni un favor de nadie. Constituyen un rasgo inalienable del socialismo, una conquista del mismo. El individuo y la sociedad, el ciudadano y el Estado, el hombre y la colectividad son los diversos planos de un mismo problema. La solución que se le da refleja la naturaleza del régimen político y predetermina en gran medida los resultados de la actividad de las personas y toda la organización de la vida pública"[122]

Como una enmienda a la totalidad de la concepción totalitaria del Estado (en la versión política del concepto de 'dictadura del proletariado'):

"La perestroika ha planteado el tema de los derechos político del hombre. En el ejercicio de los mismos han tenido repercusiones dolorosas los métodos autoritarios de dirección y las limitaciones que implicaban para la democracia. Todo ello frenó y complicó el proceso iniciado en Octubre de 1917 para superar la alienación del hombre con respecto al poder y a la política."[123]

Dándole, tal como las interpretaciones más avanzadas y aceptadas en el marco del derecho internacional, un carácter holístico:

121 Boletín de Información; XIX Conferencia Nacional del PCUS (17-18/1988); Editorial Internacional Paz y Socialismo; Praga 1988. Informe político de Mijaíl Gorbachov; página 37

122   Boletín de Información; XIX Conferencia Nacional del PCUS (17-18/1988); Editorial Internacional Paz y Socialismo; Praga 1988. Informe político de Mijaíl Gorbachov, páginas 37-38

123 Ídem Boletín de Información; XIX Conferencia Nacional del PCUS (17-18/1988; página 39

"Nos proponemos reforzar las garantías con que cuentan los derechos socioeconómicos del individuo, y este objetivo exige los correspondientes cambios del os contextos económico y político."[124]

78 *B.   Democratización de la administración del Estado y su descentralización*

Detrás del proyecto del a Perestroika había una clara finalidad de mejora del funcionamiento del Estado, centrado en la participación y la descentralización en las tomas de decisión:

"El proyecto de reforma política que sometemos a nuestra Conferencia está orientado precisamente a impulsar la amplia incorporación de los trabajadores a la gestión de los asuntos del país. Y con este fin, naturalmente, debe crearse en la práctica las condiciones indispensables: modificar el sistema electoral, reorganizar la estructura de los órganos de poder y administración y renovar la legislación"[125]

Pero esto iba acompañado con una política de ampliación de libertades y derechos civiles:

"Las libertades políticas, que brindan al hombre la posibilidad de expresar su opinión sobre cualquier tema. El ejercicio de las mismas constituye una garantía efectiva de que cualquier problema de interés público será discutido en sus múltiples aspectos."[126]

C.   Formación del estado de derecho socialista

Pero sin duda la gran apuesta de cambio, que a la postre encendería las iras de los sectores más ortodoxos - desde una óptica leninista - contra la Perestroika, sería la refundación de la Unión Soviética como Estado de Derecho.

Las elecciones libres para la elección de la Asamblea Constituyente se celebraron a finales del 1917, ya con la Revolución de Octubre en marcha, dieron la victoria a las fuerzas de izquierda, pero los bolcheviques quedaron en minoría y sin capacidad de actuación. En enero la Asamblea Constituyente no se llegó a constituir y fue disuelta por la fuerza con la directriz de "Todo el poder para los Soviets".

En realidad, la consigna "todo el poder para los Soviets" significó, en la práctica, todo el poder para el Partido (bolchevique) y fue el tiro de gracia a la idea republicana de la revolución de febrero de 1917 de dotar a Rusia de un Congreso de Representantes.

---

124 Ídem Boletín de Información; XIX Conferencia Nacional del PCUS (17-18/1988); página 38

125 Ídem Boletín de Información; XIX Conferencia Nacional del PCUS (17-18/1988); página 39

126 Ídem Boletín de Información; XIX Conferencia Nacional del PCUS (17-18/1988); página 39

Socialistas como Charles Rappoport llegaron a predecir que *"Lenin actuó como un zar y al disolver la Asamblea Constituyente, creó un horrible vacío a su alrededor, que provocará una terrible guerra civil sin fin y prepara un futuro terrible".*

El propio comunista Máximo Gorki afirmo en aquel momento que los constituyentes *"son los mártires de una experiencia democrática de apenas unas horas que se llevaba esperando cientos de años".*

Para la tradición leninista la soberanía no era nacional sino popular, y bajo los principios de la 'democracia popular', como concepto alternativo a la democracia liberal, la idea de Estado de derecho era una idea burguesa.

La Perestroika iba intentar una herejía al construir un Estado de Derecho Socialista donde:

"Ningún organismo estatal, ningún funcionario, ninguna colectividad, organización del Partido o social, ninguna persona puede ser exonerada de la obligación de obedecer la ley" [127]

Aceptando la separación de poderes propia de las democracias liberales, se acordaron reformas constitucionales para la elección de la Asamblea de diputados del Pueblo por sufragio universal, al igual que la nueva figura de Presidente de la Unión, y por supuesto la independencia judicial:

"Es preciso hablar especialmente del papel y la responsabilidad de la fiscalía. Durante los últimos decenios se le atribuyeron muchas obligaciones complementarias, las cuales relegaban de uno u otro modo a segundo e incluso a tercer plano sus funciones de velar por la legalidad."[128]

"Merece ser apoyada también la propuesta de transferir la mayoría de las causas penales al aparato de instrucción del Ministerio de Interior y convertirlo en una estructura autónoma no subordinada a los órganos locales de la militancia (del partido)"[129]

Las elecciones parlamentarias de 1989 ya se celebraron con la posibilidad de candidatos no designados por el PCUS y un último paso se daría durante el XXVIII Congreso del PCUS (julio 90) que aprobaría el fin del monopolio político del partido comunista y que precipitaría los movimientos golpistas de los sectores más dogmáticos (agosto 90).

---

127 Ídem Boletín de Información; XIX Conferencia Nacional del PCUS (17-18/1988); página 58

128 Ídem Boletín de Información; XIX Conferencia Nacional del PCUS (17-18/1988); página 59

129 Ídem Boletín de Información; XIX Conferencia Nacional del PCUS (17-18/1988); página 60

Otro aspecto de la reforma era dar un papel constituyente e independiente a las organizaciones sociales:

"Lo principal es la democratización de la vida misma de las organizaciones sindicales, su adaptación a la nueva situación originada por el proceso de renovación democrática de la sociedad, especialmente al nivel de colectividades laborales.

En la actualidad se abren perspectivas propicias para transferir a las organizaciones sociales algunas funciones incumbentes a los órganos del Estado (...)

La autogestión de los colectivos laborales eleva el valor de la función sindical de defender los derechos democráticos de los trabajadores"[130]

El fin de la deriva leninista

Lo que estaba pasando en la URSS era tan importante que, tras unas semanas de desinterés por parte de las cancillerías occidentales, reduciendo la sustitución en las instancias del poder soviético a movimientos de recolocación de las elites, pronto se pasó a poner la mirada en lo que estaba ocurriendo, a promover think tanks de análisis al respecto y a cambiar las agendas internacionales de las democracias occidentales.

El proceso de la Perestroika coincidió en occidente, desafortunadamente, con un giro neoliberal y una pérdida de influencia de las recetas socialdemócratas hegemónicas desde el final de la segunda guerra mundial hasta inicios de los ochenta. La nueva dirección soviética si bien tuvo una buena acogida en el mundo democrático en ningún momento estuvo acompañado de un feedback colaborativo político.

Igualmente, tras un momento inicial de apoyo incondicional lógico, pronto aparecerían en el seno de los partidos las primeras críticas por el 'liquidacionismo' que la perestroika introducía en algunos de los dogmas sagrados del marxismo-leninismo. Los partidos comunistas de todo el mundo se movían entre la incomodidad disimulada y las criticas cada vez menos veladas. Solamente algunos partidos comunistas que a raíz de la invasión de Checoslovaquia se habían empezado a distanciar de la URSS - fundamentalmente la troika eurocomunista - miraban con buenos ojos el proceso abierto.

La Perestroika no sirvió para resolver el cisma chino-soviético en el campo comunista. Las relaciones con China se normalizaron, pero el distanciamiento ideológico lejos de reducirse aun creció. En Pekín, de la mano del otro gran reformista *Deng Xiaoping*, la doctrina maoísta iba dejando paso a un capitalismo intensivo. China se acercaba a occidente por el mercado, mientras que la URSS lo hacía desde la política.

---

130 Ídem Boletín de Información; XIX Conferencia Nacional del PCUS (17-18/1988); página 61

En el campo comunista la mayoría de los gobernantes tenían su suerte ligada a la suerte de la Unión Soviética, porque actuaban más como un poder delegado del PCUS que un poder emanado de sus respectivas realidades nacionales. Algunos iniciaron virajes oportunistas por agradar a Moscú. En los gobiernos cuya única pervivencia provenía del soporte asistido del Kremlin, fueron los primeros en ser llevados por delante - protestas del sindicato *Solidarność* en Polonia (instauración el 13 de septiembre de 1989 del primer gobierno no comunista del bloque soviético) o Revolución de Terciopelo de Praga (diciembre 89) -. Otros países como Cuba empezaron un acercamiento a la vía china – de totalitarismo político y aperturismo económico.

Así en los gobernantes comunistas empezó a haber dos estrategias diferenciadas. Frente a propuesta radical de la Perestroika - "revolución en la revolución" - empezaron a oírse voces que cuestionaban lo lejos que iba la misma y "advertían" de la "necesidad de cambios más prudentes, suaves y calculados".

De entre los principales aspectos de confrontación estaban:

- un proceso democrático de desmantelamiento del sistema totalitario y la constitución de un "estado de derecho" socialista versus a la profundización en las "normas democráticas" del socialismo;

- la separación total del Partido y del Estado, pasando de una dirección centralizada y vertical a la conquista de la hegemonía en la sociedad civil, abriendo la vía del pluripartidismo real versus al "perfeccionamiento de los mecanismos del Partido y del Estado";

- la creación de canales autónomos de libre expresión - Glasnost - imprescindibles para una verdadera participación versus a una apertura vigilada en los medios de comunicación oficiales;

- la descentralización y desestatalización económica cómo medio de instaurar una economía con distintas formas de propiedad social versus a la permisividad de iniciativas personales sin modificar la rígida estructura central;

- la renovación cultural y de pensamiento liberada de la doctrina oficial versus

- la necesidad de una mayor profundización en los "valores del socialismo";

- la recuperación de los principios de la democracia y del socialismo y su encaje en un mundo diverso (nuevo pensamiento) versus socialismo con características nacionales (China).

A pesar de lo que había podido parecer en un primer momento, donde todos los partidos comunistas y administraciones de países socialistas hablaban de la necesidad de reformas, se trataban de dos concepciones totalmente contrarias e irreconciliables en la medida en que una buscaba cambiar de modelo mientras que la otra simplemente apostaba por su perfeccionamiento.

Quizás la última oportunidad de renovación del socialismo fue en la década de los cincuenta, que con *Nikita Kruchev* al frente del estado soviético trazó un programa de reformas, que fracasó ante falta de profundidad y la improvisación en el que se desarrolló. La posterior etapa del 'estancamiento burocrático', su doble moral y la disociación permanente entre los dichos y los hechos, acabaron con el que el terror estaliniano no había sido capaz: el ánimo subjetivo de un pueblo que pese a todo apoyaba el proyecto revolucionario.

La 'Perestroika' volvía a reabrir el debate de la renovación y hacía renacer, aunque había sido por poco tiempo, la esperanza de la izquierda, pero en unas condiciones peores y con los problemas epistemológicos sin resolver:

"Hasta ahora la teorización se realizaba a través de amontonar citas, reproducir estereotipos triunfalistas o discusiones bizantinas, con tendencias a la criminalización del disidente (...)

Los marxistas de hoy estamos pagando el precio de quienes habían sustituido el socialismo por el estalinismo, la democracia por el verticalismo, y la desalineación por la enajenación del pueblo"[131]

El fracaso del proceso abierto por la Perestroika, lejos de dar la razón a sus detractores, puso sobre lo tapete los elementos de una crisis sin precedentes que llevó por delante incluso a aquellos países que se creían más remotas de sus planteamientos - Rumanía y Albania -, e incluso debilito a la socialdemocracia en su contienda con la ola neoliberal.

Lo único que se demuestra del fracaso de la Perestroika es el grado de decadencia de un sistema que imposibilitaba cualquier renovación profunda. Así, la batalla política en los países socialistas europeos fue pasando de una primera fase entre un socialismo totalitario y un socialismo democrático, a una segunda donde la batalla ya era entre los renovadores del socialismo y los partidarios del capitalismo.

La caída del muro de Berlín no sólo da por rematada la guerra fría, sino que cerraba una primera etapa del socialismo a nivel mundial que se caracterizó por su estatalismo, su excesiva centralización y una concepción totalitaria fruto de la escasa cultura democrática existente nos primeros países socialistas que el calor de la estrategia de bloques fue adquiriendo grados cada vez mayores de militarismo.

Y, además, se perdió, con bastante posibilidad, la última oportunidad para abordar una renovación epistemológica del marxismo como propuesta política.

---

131 Idem Harnecker, Marta; Maidanik, Kiva y Zamkova, Nadia (1987-1989); página 115

Capítulo 09

Bibliografia de Marx y Engels

> *"En la visión cósmica de Marx, el trabajo*
> *es lo que fue para Dante el amor cósmico"*
>
> *Isaiah Berlin*

La obra de Karl Marx y Friedrich Engels es una obra muy vasta en su extensión, compleja a la hora de compilarla, ordenarla y sistematizarla. Al tratarse de una obra abierta y en construcción está conformada por un número importante de manuscritos, algunos inacabados, que fueron desconocidos en su momento.

El carácter divulgativo y en muchos casos de propuestas para el debate y la acción política hizo que muchas de las obras se hubieran publicado en revistas -muchas de ellas impulsadas por los propios autores- y periódicos de la época - muchos de ellos con problemas de continuidad -. Además, su activismo político les obligó, en no pocas ocasiones, a tener que cambiar de medios para eludir la censura.

La divulgación en revistas y periódicos de la obra - algo muy habitual en esa época – propició la edición en innumerables lenguas con lo que los textos estuvieron sometidos a alteraciones considerables con respecto a los originales debido a los procesos de traducción.

Hay que tener en cuenta que la mayor parte de estas obras son escritas inicialmente en alemán, pero publicadas originariamente en diversos idiomas, sobre todo, inglés, ruso, italiano y francés (incluso puede darse la posibilidad que los propios autores hubieran redactado ellos mismos las traducciones pues Marx manejaba bien el inglés y el ruso, y Engels además de ruso e inglés, está acreditado que conocía otros 35 idiomas.

Entre los diversos medios, de diferentes países, que contaron a Marx y Engels como colaboradores están:

- Neue Rheinische Zeitung
- The New-York Daily Tribune
- Die Revolution, New York
- People`s Paper
- Das Volk
- The Bee-Hive Newspaper
- Social-Demokrat
- The Internacional Courier
- Demokatisches Wochenblatt
- Narodnoe Delo
- Die Neue Zeit
- La Liberté
- The International Herald
- Der Volksstaat
- Letopisi markszisma
- La Revue Socialista
- Der Sozialdemokrat
- Hottingen-Zurich
- Critica Sociale

En 1883, a raíz de la muerte de Marx, Engels se hace cargo de toda la obra manuscrita de ambos. El fiel amigo, que sostuvo a Marx en los momentos más difíciles, tuvo una función muy relevante en la edición de algunas de sus obras determinantes como *Die Klassenkämpfe in Frankreich* (*La lucha de clases en Francia*) (1894).

Así, Engels se aplicó en corregir y preparar para su publicación los manuscritos que Marx había dejado inconclusos de Das Kapital. El volumen II vio la luz en 1885 y el III en 1894. Esta obra fue el centro de sus esfuerzos hasta su muerte, que ocurrió antes de que pudiera dar a la luz lo que sería un volumen IV. El nombre de Engels no figura en forma alguna en la autoría de eses volúmenes, pero es indudable que hay mucho de su mano en ellos.

Engels siguió publicando obras originales, como *Ludwig Feuerbach y der Ausgang der klassischen deutschen Philosophie* (*Ludwig Feuerbach y el fin de la filosofía clá-*

sica alemana) (1886), o *Herr Eugen Dührings Umwälzung der Wissenschaft (AntiDu-ringh) (1877)* (convertido en casi una enciclopedia sobre el marxismo), también continuo con la publicación de artículos en la Nueva Gaceta. Elementos importantes de sus últimas concepciones filosóficas se encuentran en *Dialektik der Natur (Dialéctica de la Naturaleza)* (anotaciones entre 1873 y 1883), aunque muchos de sus análisis o ejemplos habían perdido ya valor cuando se publicaron en 1925, en un marco de crecimiento explosivo de la ciencia natural y de debate epistemológico.

Además, va a realizar un trabajo incansable durante la última etapa de su vida, para defender su memoria, aclarar algunas dudas epistémicas de la obra de su colega y, desarrollar un trabajo importante de recopilación, documentación y anotación de la misma.

En 1895, a raíz de la muerte de Engels, todos sus papeles y manuscritos, así como los que este guardaba del propio Marx, pasaron a manos de los socialistas alemanes August Bebel y Eduard Bernstein como representantes del Partido Socialdemócrata de Alemania (SPD). De una buena parte de los papeles de Marx se hicieron cargo sus hijas, primero Eleanor Marx en Londres (fallecida en 1898), después Laura Lafargue en Draveil – Francia - (fallecida en 1911). Con posterioridad, el conjunto de documentos y manuscritos fueron depositados, en su mayor parte, en el archivo del SPD en Berlín.

En 1913 se publicará la correspondencia entre Marx y Engels, que a petición de este último se había encargado a Berstein y a Bebel. La publicación de la editorial Dietz (de Stuttgart) recoge 1.386 cartas manuscritas.

La publicación de este libro que tiene carencias técnicas importantes y también una visión sesgada del pensamiento de Marx y Engels tal como afirma Lenin[132], sirve para confirmar la importancia del trabajo en equipo fundamental en una obra conjunta donde unas veces, como el caso del *Manifest der Kommunistischen Partei (Manifiesto Comunista) (1848)*, el borrador lo elabora Engels y lo envía por correspondencia a Marx para que él lo retoque.

Significativo, por ejemplo, es que los artículos *Revolución y contrarrevolución en Alemania* o *El reciente proceso de Colonia* escritos entre 1851-1852 por Engels y fueron publicado en inglés con la firma de Marx en la revista The New-York Daily Tribune, en un momento que interesaba destacar la figura de Marx entre el incipiente movimiento obrero norteamericano.

Colaboración intensísima como se puede entender por el volumen de cartas recopiladas, que se hace más intensa entre 1870 y 1883 (fecha de la muerte de Marx) en la que en la práctica Engels se traslada a vivir a la casa de Londres de Marx. Época que

---

132 En el libro de Lenin 'correspondencia entre Marx y Engels' de 1913. V.I. Lenin. 'Marx, Engels, Marxismo'. Edición en lenguas extranjeras. Pekín, 1980. Páginas 62,63 y 64

coincide con la elaboración de la obra cumbre De *Das Kapital* y de la que el propio Engels se encarga de preparar el II y III tomo aparecido tras la muerte de Marx.

En muchos casos se hace casi imposible diferenciar la obra de uno y de otro autor, y cabe destacar la generosidad anteponiendo la obra colectiva al propio ego de autor, sobre todo en el caso de Engels que no solo financió la obra sino también las propias condiciones materiales de Marx, y tras la muerte hizo de albacea intelectual publicando muchas de las obras decisivas del Marx a nivel póstumo.

Recopilación y compilación de la obra completa

El importante volumen y la diversidad de la obra de Marx y Engels hacen que no haya sido hasta el siglo XX en el que se haya podido abordar la recopilación y compilación de la obra completa de Marx y Engels.

Llama la atención que, habiéndose convertido la producción de los dos revolucionarios alemanes en la base teórica de los partidos socialistas europeos desde la década de 1890, esos partidos, sobre todo el SPD alemán, que fue central en la expansión de la socialdemocracia, no emprendieran una edición de las obras completas de sus teóricos. De haberlo hecho, seguro que su difusión hubiese ayudado a conocer mejor la obra de Marx y Engels, no solo entre los socialistas alemanes, sino entre los del resto de Europa y América. Seguramente el caso más revelador, por la importancia que tendrá en el futuro desarrollo del marxismo, es el socialismo ruso en la que sus líderes asumieron la herencia marxista sin un conocimiento claro de la obra y sin una proximidad cultural con sus autores, algo que condicionará para siempre la visión que del pensamiento de Marx y Engels se tendrá durante todo el siglo XX.

Si durante su vida la obra no tuvo una difusión muy exitosa, pronto la obra de Marx y Engels se prestó a la controversia política, volviéndose en algunos casos en textos incomodos para ciertos líderes obreros y socialistas, interesados en ocultar parte de la misma o manipular otra parte. Las desavenencias de Marx y Engels con los líderes del socialismo alemán van a tener un punto original con la publicación de *'Critique des Gothaer Programms'* (Crítica *al programa de Ghota) (1875)* fundacional de la socialdemocracia alemana.

En 1923, *Karl Korsch* (1886-1961) aludía a la falta de interés de los socialistas de la Segunda Internacional en la filosofía[133]. En este sentido, señalaba la coincidencia en el rechazo de una filosofía marxista entre intelectuales burgueses e intelectuales marxistas. Korsch mostraba su sorpresa por tal coincidencia:

---

133 KORSCH, Karl: 'Marxismus und Philosophie' [1923] en K. Korsch: Marxismus und Philosophie, Europäische Verlagsantalt, Fráncfort, 1972, en página 76.

"Los profesores burgueses de filosofía se aseguraban mutuamente que el marxismo no poseía un contenido filosófico propio, y con ello creían haber afirmado algo grande contra él. Los marxistas ortodoxos, por su parte, se aseguraban también mutuamente que su marxismo, por su carácter, nada tenía que ver con la filosofía, y con ello creían afirmar algo grande en favor de él."[134]

Los primeros intentos de editar obras completas o al menos conjuntos de obras de Marx y Engels comienzan con recopilaciones como los tres tomos de artículos escritos en torno de 1850, publicados por *Eleanor Marx* y *Edward Aveling* con los títulos *Revolution and Counter-Revolution in Germany in 1848* (1896), *The Eastern Question* (1897) y *Secret Diplomatic History of the Eighteenth Century* (1899). Por otra parte, *Franz Mehring* publicó en 1902 *Gesammelte Schriften von Marx und Engels (Obras recopiladas de Marx y Engels),* correspondientes a los años 1841-1850, pero sin intención ni criterio de edición científica. Lo mismo ocurre con *Briefwechsel zwischen Engels und Marx (Correspondencia entre Engels y Marx),* en cuatro volúmenes, publicado en 1913 por *August Bebel* y Eduard Bernstein, quienes suprimen pasajes del texto cuando consideran que el partido podía verse perjudicado por los juicios o expresiones de los teóricos.

El primer intento de recopilar la obra de Marx y Engels se lleva a cabo en Francia en el año 1924 con el título *Archives de K. Marx y F. Engels.* La primera edición completa de las obras de Marx y Engels se editará en la Unión Soviética en el año 1936.

Marx-Engels-Gesamtausgabe (MEGA)

Die Marx-Engels-Gesamtausgabe (MEGA) (en español Edición Completa de Marx-Engels) es la edición histórico-crítica de todas las publicaciones, manuscritos y borradores, así como la correspondencia de Karl Marx y Friedrich Engels.

El primer proyecto de una edición completa de las obras de Marx y Engels arranca en una reunión de marxistas en Austria en 1910. A esta reunión asistió *David Riazánov* (Odesa 1870 - Sarátov 1938), quien lo puso en marcha en la década de 1920 y lo denominó *Historisch-kritische Marx-Engels gesamtausgabe-mega (Edición histórico-crítica de obras completas de Marx y Engels);* esta edición se publicaría en 42 volúmenes.

David Riazánov era un erudito sobre la obra de Marx y Engels, desde la dirección del **Instituto Marx-Engels (IME)** de Moscú realizó una asombrosa labor de recopilación de textos de ambos revolucionarios alemanes, gracias a la cual, con sus colaboradores y contactos internacionales, convirtió la biblioteca de ese instituto en una biblioteca especializada en marxismo, la mejor del mundo en este terreno.

---

134 Idem KORSCH. Karl

Para realizar su tarea editora, Riazánov copió, con el permiso del SPD, buena parte de los originales de Marx. El problema sobrevino en 1928 cuando el SPD retiró el permiso para seguir copiando los fondos debido a las críticas que recibía del Partido Comunista Alemán.

El trabajo de Riazánov fue interrumpido en 1931 en el que fue destituido como director del IME, acusado de actividades contrarrevolucionarias, sustituido por Víctor Adoratski, y posteriormente purgado por simpatías con el trotskismo. En 1989 fue rehabilitado en el marco de la revisión puesta en marcha por la Perestroika.

El plan para la primera edición de la MEGA abarcaba cuatro secciones:

— la primera, prevista en 17 tomos, debía contener todas las obras de Marx con excepción de cuanto se relacionará con El capital, pero solo aparecieron siete (abarcaban hasta finales de 1848). Los tomos 1 y 2 fueron dirigidos por Riazánov, y los tomos 3, 4, 5, 6 y 76, por Víctor Adoratski;

— de los 13 tomos previstos para la segunda sección, El capital y manuscritos económicos, no llegó a salir ninguno;

— en la tercera, de 10 tomos previstos, que debían contener la correspondencia entre Marx y Engels, aparecieron los tomos 1, 2, 3 (bajo la dirección de Riazánov) y 4 (bajo la dirección de Adoratski);

— la cuarta sección, de la que no salió nada, preveía dos tomos de índices.

Aun con su carácter de proyecto no acabado, la primera MEGA se caracterizó por un gran rigor en la edición de los textos, basado en la reproducción fiel y exacta del original, lo cual ha servido de modelo para el segundo proyecto: MEGA2.

Tras la llegada de los nazis al poder, toda la documentación del movimiento obrero y socialista, en su mayoría perteneciente al SPD, se decidió trasladar fuera de Alemania. Así, en 1935 se encarga al historiador holandés *Nicolaas Posthumus* crear en Ámsterdam el Internacional Instituut voor Sociale Geschiedenis (Instituto Internacional de Historia Social) (IISG), vinculado a la Real Academia Holandesa de Artes y Ciencias.

Cuando en 1960 los Institutos de Marxismo-Leninismo de la Unión Soviética y de la República Democrática Alemana ponen en marcha la MEGA2, los archivos del *Instituto Internacional de Historia Social (IISG)* fueron fundamentales.

El primer volumen de la nueva MEGA2 salió en 1975. La edición reproduce los textos de Marx y Engels tal como fueron escritos por ambos, respetando por tanto la lengua en que fueron redactados, como el francés de Misère de la philosophie (Miseria de la filosofía) o el inglés de los artículos escritos en el New York Daily Tribune, además de respetar también los giros o locuciones en diversas lenguas que uno y otro autor intercalan en sus escritos. En la sección IV, la que reproduce los fragmentos de las lecturas de Marx, puede verse que extractaba de diversas lenguas, incluidas griego y latín. Los hablantes de lengua española se asombrarán de ver la cantidad de textos españoles que extractó para escribir, en 1854, en el New York Daily Tribune, sobre la revolución española de ese año, la *Vicalvarada*.

Tras la caída de la RDA y la posterior reunificación alemana (1989) y tras la implosión de la URSS (1991), la MEGA2 estuvo a punto de zozobrar, ya que los equipos científicos del proyecto eran soviéticos y alemanes orientales. De este modo, si la primera MEGA fue víctima de la estalinización, la segunda estuvo al borde del colapso por la caída del espacio soviético.

Con el propósito de reemprender la MEGA como proyecto científico independiente de los partidos y los estados, en 1990 se fundó en Ámsterdam la Internationale Marx-Engels Stiftung (Fundación Internacional Marx-Engels) (IMES), vinculado a la *Berlin-Brandenburgische Akademie der Wissenschaften* (Academia de Ciencias de Berlín-Brandenburgo) (BBAW). Con este fin se redactaron nuevas normas de edición, tendentes a acentuar el carácter científico y la independencia respecto de cualquier partido o estado que pudiera monopolizar la interpretación de la obra de Marx y Engels.

> *"El propósito de la fundación es continuar el trabajo sobre la 'Edición completa de Marx Engels' como una edición histórica y crítica completa de las publicaciones, manuscritos y correspondencia de Karl Marx y Friedrich Engels sobre una base puramente científica y políticamente independiente"* (De los estatutos del IMES)

La IMES se apoya para su trabajo en una red internacional que hoy incluye el *IISG* y la *Academia de Ciencias de Berlín-Brandeburgo*, el *Centro de Investigación Histórica de la Fundación Friedrich-Ebert* en Bonn, y el *Archivo Estatal Ruso de Historia Social y Política* (RGASPI) en Moscú.

La nueva MEGA2 consta, como la primera, de cuatro secciones, pero con mucha mayor amplitud y diferencias importantes en cada sección:

i.   Obras de Marx y Engels, artículos, inéditos, exceptuando El capital y todo lo relacionado con el proyecto relativo a él. Aquí figuran obras como Manuscritos económico-filosóficos, La ideología alemana, Miseria de la filosofía, El 18 brumario, los artículos en el New York Daily Tribune, La guerra civil en Francia, Dialéctica de la naturaleza, etc. Hasta hoy han aparecido 22 tomos de los 32 que comprende esta sección.

ii. Escritos económicos: Contribución a la crítica de la economía política, Grundrisse, El capital, Teorías sobre el plusvalor. Esta sección quedó concluida en 2012 con sus 15 tomos (18 tomos parciales) y es la única completa de las cuatro. Incluye la traducción francesa (de J. Roy) del primer libro de El capital (Le capital,

París, 1872-1875), como también la inglesa de Samuel Moore y Edward Aveling (Capital. A Critical Analysis of Capitalist Production, Londres, 1887).

iii.	La correspondencia, esto es, las cartas escritas por Marx y Engels y las recibidas por ellos en orden cronológico. Hasta hoy han aparecido los tomos 1 a 13, que abarcan la correspondencia hasta diciembre de 1865, más el tomo 30, que abarca las cartas desde octubre de 1889 hasta diciembre de 1890. El resto de los tomos (no está exactamente definido el número) se publican en formato digital.

iv.	Extractos, noticias, tablas cronológicas, índices bibliográficos. Lo interesante de esta sección, aparte de ver cómo trabajaba Marx (qué extractaba, qué proyectaba, qué criticaba) es mostrar cómo acompañaba sus escritos de bibliografía para informarse de lo que iba redactando. Sobre la propiedad de la tierra, la minería, el comercio, etc., extractó Marx gran cantidad de escritos, no solo relativos a Europa, sino también a América y Asia. Hasta la fecha han aparecido 14 de los 32 volúmenes proyectados.

En total han aparecido hasta hoy 65 tomos de los 114 previstos, pero ya se ha anunciado que no todos los que faltan van a ser editados en papel, sino en soporte digital. Cada tomo de la MEGA2 va acompañado de un tomo de aparato crítico en el que pueden seguirse las variantes si las hubo, las referencias completas de las obras, folletos, revistas o periódicos mencionados y nombres de personas, con lo que los lectores encuentran la mejor contextualización para facilitar la comprensión de los textos de Marx y Engels.

MEGA es una empresa secular en el verdadero sentido de la palabra, y su comienzo, fracasó y resurrección reflejan de manera paradigmática las tragedias históricas del siglo XX. Si, como prevé el calendario de edición, se completará hacia el año 2025, habrán sido necesarios casi exactamente cien años para hacer accesible al público lector la obra de Marx y Engels fiel al original, es decir, sin censura. (Die Zeit, 25 de febrero de 1999)

La edición completa de Marx-Engels comenzó en la década de 1970 en Berlín y Moscú. Se ha ganado una gran reputación en los círculos profesionales y está presente en todas las bibliotecas más importantes del mundo. Después de 1989, académicos, políticos y editores de muchos países europeos, Japón y EE. UU. han defendido firmemente la continuación de la edición. Una parte creciente de la edición (secciones III y IV) continua a día de hoy digitalmente.

Marx-Engels-Werke (MEW)

La URSS, en concreto la Academia de Ciencias Sociales de la URSS, durante un período largo arrogó el papel de albacea y editor de las obras de Marx y Engels, fueron los editores de la práctica totalidad de la obra compendiada que existe e incluso en el caso de la obra canónica **Marx-Engels-Werke (MEW)** de la República Democrática Alemania tuvo como referentes previos la versión de la 1ª edición rusa de las obras de Marx y Engels del año 1936.

En 1953 el Comité Central del Partido de Unidad Socialista (SED) de la República Democrática Alemana (RDA) encargó al Instituto Marx-Engels-Lenin, fundado en 1949, que publicara las obras completas de Karl Marx y Friedrich Engels.

Dado que el estado recién fundado dependía de la Unión Soviética y durante la postguerra no tenía ni los especialistas ni el material necesario para una edición independiente de la obra o incluso la continuación de la primera edición completa de Marx-Engels, y la publicación tenía la urgencia política de salir lo más rápido posible, la Marx-Engels-Werke (MEW) se hizo cargo de la estructura, los prólogos y el aparato del MEGA. Tras que la primera edición en ruso, que apareció entre 1928 y 1947, fue declarada defectuosa, la segunda edición apareció en 39 volúmenes de 1954 a 1966 y luego continuó con varios volúmenes y registros complementarios. La MEW tomó los textos de Marx y Engels del alemán original en una forma de escritura modernizada.

La edición del MEW corrió a cargo del Instituto de Marxismo-Leninismo, adjunto al Comité Central del SED hasta 1989. Desde 1989 se encarga de la obra, de su estudio y protección de la *Fundación Rosa Luxemburg de Análisis Social y Político* de Berlín, ligada al partido postcomunista Die Linke. De la impresión se encarga la editorial de Berlín *Karl Dietz Verlags*.

La MEW consta de 45 volúmenes (distribuidos en 47 libros). Los primeros 41 volúmenes se publicaron entre 1956 e 1968, con reediciones posteriores. En 1983 se incorpora el volumen 42 publicado por el Instituto de la Historia y el Trabajo, aun bajo la supervisión del CC del SED. El siguiente, y último publicado, volumen 43 se imprime en 1990 ya bajo la dirección de la *Fundación Rosa Luxemburg* en la Alemania reunificada.

Los primeros 22 volúmenes del MEW corresponden a la mayoría de las obras y artículos de Marx y Engels ordenadas en sentido cronológico de su elaboración; los 4 volúmenes siguientes – impresos en 6 libros - son los dedicados a la obra económica central - tres libros dedicados a cada una de las tres partes de El *Capital* y otros tres dedicados a estudios preliminares a El Capital, *Sobre la plusvalía*.

Los 13 volúmenes siguientes son de intercambio epistolar ordenados cronológicamente. La edición fue acusada de omitir los primeros escritos que se consideraban pre marxistas, por lo que se publicaron 2 volúmenes complementarios. Algunas de las críticas de Karl Marx a la Rusia zarista, que consideraba antisoviética, faltan en la edición.

La idea era dedicar los 3 siguientes volúmenes a los *Oekonomisches Manuskript (Manuscritos Económicos)*. El volumen 42 se imprimió en 1983 con los *Grundrisse (1857/1858)*. El volumen 43, que se imprimió en 1990, en el intervalo que va de la caída del Muro de Berlín y la desaparición de la RDA, contiene la primera parte de los *Oekonomisches Manuskript (1861-1863)*. *El volumen 44 que contiene la segunda parte de los Oekonomisches Manuskript (1861-1863), aunque ya estaba preparado para su salida posterior, la caída de la RDA lo retraso hasta 2018.*

El Volumen 45 planeado para cerrar la obra con escritos 'Sobre la historia de la cuestión polaca' no ha aparecido a día de hoy.

Hasta la segunda edición completa histórica-crítica de Marx-Engels (MEGA2), las obras de Marx-Engels, conocidas por sus cubiertas azules, fueron, con mucho, la edición más extensa de las obras de Marx y Engels en su idioma original. Los 41 volúmenes publicados, durante la RDA, conformaban una edición económica y llegaron a tener una circulación total estimada de más de tres millones de copias. Después de la caída de la RDA, la Fundación Rosa-Luxemburg se hizo cargo de la MEW, junto con la editorial Karl-Dietz-Verlag. Algunos volúmenes fueron revisados para eliminar los prefacios y las notas del Marxismo-Leninismo de la Guerra Fría. Otros fueron reimpresos.

Estructura de la obra:

— Volumen 1-22.- Artículos y Publicaciones.

— Volumen 23-26.- El Capital Tomos I-III | Apuntes Sobre la plusvalía.

— Volumen 27-39.- Correspondencia.

— Volumen 40-41.- Complementación a los Volúmenes 1 y 2.

— Tomo 42-44.- Manuscritos Económicos

La *Marx-Engels-Werke (MEW)* como fuente está indicada especificando, en primer lugar, sí se trata de un escrito de Marx y Engels, a continuación, el tomo y finalmente el número de página (ejemplo: "Marx, MEW 25, 397").

La MEW no está exenta de controversia. Las publicaciones que se hacen a partir de la posguerra esta tuteladas por el Instituto de Marxismo-Leninismo adjunto al C.C. del PCUS, utilizando como base inicial a obra completa de Marx y Engels publicada en el año 1936 en Moscú. Hasta el punto que las obras de Marx y Engels del resto de los países del área de influencia soviética, excepto la RDA, utilizaron para sus versiones la traducción del texto ruso y no del alemán.

Igualmente, los prólogos, notas y índice de las entradas para aclaraciones editoriales, anotaciones críticas y/o de interpretación del texto estuvieron dirigidos por el Instituto de Marxismo-Leninismo adjunto al C.C. del PCUS, lo que los contamina tendenciosamente.

En la Unión Soviética se publicó, en ruso, entre 1928 y 1946, la primera edición de obras completas de Marx y Engels en 33 volúmenes. Posteriormente, entre 1955 y 1966, salió otra edición rusa, aumentada, de 42 volúmenes. Esta edición sirvió de base de la edición alemana (MEW) iniciada en 1956 y terminada en 1989 en la República Democrática Alemana, en 41 tomos, más cuatro complementarios y dos de índices.

El defecto más notable de que adolecía, además de estar incompleta y de no ser una edición crítica, se hallaba en sus prólogos e introducciones, en los que a menudo se convertía a Marx en autor de un sistema, en lugar de autor de una obra abierta y en su mayor parte inconclusa.

Así, si es cierto, si bien los soviéticos fueron quienes más hicieron para la difusión de la obra de Marx y Engels en el mundo hasta 1991, esa difusión solía enlazar en un sistema la obra de los dos revolucionarios alemanes con la de Lenin y Stalin, de manera que el estalinismo pudo justificar su política como aplicación o desarrollo de tal sistema.

El proyecto en marcha **Marx-Engels Gesamtausgabe (Marx Engels al Completo) (MEGA2)**, pretende convertirse en la primera compilación histórica-crítica de la edición de la obra integra de Karl Marx y Friedrich Engels, pero la **MEW** sigue siendo la obra de mayor importancia para acercarse a la obra completa de Marx y Engels por su gran difusión en el mundo, por su calidad y su módico precio, al haber sido referencia para numerosas traducciones a otras lenguas y haber servido como texto de estudio de la obra de Marx y Engels en idioma original.

Recursos:

— Índice *Marx Engels Werke (Marx Engels Obra) (MEW)* en anexo al final del trabajo

— Sitio web con MEW integro en PDF (en alemán) https://kommunistische-geschichte.de/marx-engels-werke/

— Obras Completas de Marx y Engels (42 volúmenes) y Obras escogidas de Marx y Engels (3 volúmenes), editadas por la editorial Novostí de Moscú en varios idiomas (versión en español).

— Sitio web del Berlin-Brandenburgische Akademie der Wissenschaften (Academia de Ciencias de Berlín-Brandenburgo) (BBAW): https://mega.bbaw.de/de

— Sitio web del Internationale Marx-Engels Stiftung (Fundación Internacional Marx-Engels)(IMES): https://iisg.nl/imes/

- Sitio web del Internationaal Instituut voor Sociale Geschiedenis (Instituto Internacional de Historia Social) (IISG): https://iisg.amsterdam/en
- Sitio web de la editorial Karl Dietz Verlags https://dietzberlin.de

Capítulo 10

El legado documental de Marx y Engels

"¿Es que hay que ser comunista para leer a Karl Marx?"
Rupert Macabee. A King in New York (Chaplin 1957)

La obra de Marx y Engels en los fondos bibliográficos mundiales

Las referencias bibliográficas de los autores son importantes. Según los datos del alemán *Karlsruher Virtueller Katalog (KVK)*[135] la presencia de obras de Marx y/o Engels en los 27 fondos bibliográficos más importantes del mundo (que relacionamos a continuación) es amplia.

Resulta normal que sea en Alemania o Inglaterra los países donde mayor presencia de volúmenes exista ya que fueron los países donde Marx y Engels desarrollaron su trabajo. Igualmente, en Francia y Rusia, donde el marxismo tuvo una grande influencia, también resulta normal que exista abundantes referencias.

Llama la atención el grande volumen de fondos existentes en Estados Unidos e Israel, siendo la biblioteca del Congreso norteamericano una de las bibliotecas con mayores fondos.

También es muy llamativo que en la Biblioteca Nacional de Polonia no aparezca ni una sola referencia, más cuando es seguro que hace algunas décadas existían.

KOBU Berlín - Brandeburgo (Alemania)	2.270 referencias
BS, Rede de bibliotecas del suroeste (Alemania)	1.712 referencias
Biblioteca Nacional (Alemania)	3.715 referencias
Unión Hebis Catalogo, Hesse (Alemania)	1.527 referencias
TiB Hannover (Alemania)	588 referencias

---

135 En el caso de la Biblioteca Nacional de España los datos son de la propia web de la biblioteca española

WoldCat (USA)	8.955 referencias
Biblioteca do Congreso (USA)	555 referencias
Rede Bibliotecas Oeste (Suiza)	588 referencias
Biblioteca Nacional (Suiza)	34 referencias
IDS Basilea, Berna (Suiza)	231 referencias
Biblioteca Nacional (Francia)	20 referencias
ABES, Catalogo colectivo (Francia)	2.270 referencias
Catalogo Colectivo-COPAC (Gran Bretaña)	140 referencias
Britis Library (Gran Bretaña)	584 referencias
Biblioteca Nacional (Finlandia)	480 referencias
Unión Finlandesa Lind (Finlandia)	10 referencias
Biblioteca Nacional (Austria)	734 referencias
Biblioteca Estatal (Rusia)	609 referencias
Israel Lista Unión (Israel)	545 referencias
BIBSYS (Noruega)	426 referencias
Biblioteca Nacional (España)	290 referencias
Catalogo Colectivo (Portugal)	165 referencias
Catalogo Colectivo-bibnet.lu (Luxemburgo)	71 referencias
Catalogo Colectivo (Italia)	59 referencias
Libris (Suecia)	10 referencias
Institute for Scientific and Tehnical Information (Canadá)	2 referencias
Biblioteca Nacional (Polonia)	0 referencias

Autores que influyeron en la percepción que se tiene de la obra de Marx y Engels

Diversas obras y autores han analizado y sistematizado la obra de Marx y Engels, pero algunas han sido centrales para la interpretación y el 'desarrollo' posterior de su pensamiento.

A destacar:

— *ENGELS, Friedrich; 'Anti-Düring, 1878*

Esta obra, una de las últimas de Engels, ha tenido, seguramente sin voluntad del autor, una enorme importancia en la doctrinalización del pensamiento de Marx.

La expresión 'enciclopedia del marxismo' se encuentra, en efecto, en el prólogo de la obra de Engels en MEW (vol. XX, p. viii). Numerosos lideres socialistas de la II Internacional consideraban este libro (en realidad, una recopilación de artículos) como una especie de manual de marxismo, consideración que, probablemente, se vio favorecida por la publicación en francés de un fragmento del Anti-Dühring, que con el título *'Socialisme utopique et socialisme scientifique', Paul Lafargue* editó en 1880, y fue rápidamente difundido y traducido a otras lenguas.

— *PLEJANOV, Georgi; 'Las cuestiones fundamentales del marxismo', 1907*   97

La obra de Plejanov es central para darle el enfoque materialista al marxismo, de hecho, es en su obra donde por primera vez se utilizan la terminología 'materialismo dialéctico' y 'materialismo histórico'.

— *LENIN, V. I.; 'Materialismo y empiriocriticismo', 1909*

Texto filosófico donde se refuerza la dicotomía materialismo-idealismo.

— *LENIN, V. I.; 'Las tres fuentes y las tres partes integrantes del marxismo', 1913*

Esas fuentes serían la filosofía alemana del siglo XVIII; la economía política clásica británica y el socialismo utópico francés.

— *BUJARIN, Nicolai; 'El ABC del comunismo', 1919*

El ABC del comunismo es un libro, formato panfleto, plagado de voluntarismo pero que educo a varias generaciones de comunistas soviéticos.

— *BUJARIN, Nicolai; Teoría del materialismo histórico: Ensayo popular de sociología marxista. 1921*

Lenin decía de Bujarín que era el más preparado intelectualmente de los bolcheviques pero que "no era un marxista". Su apuesta y concreción de la NEP[136] y a su crítica a la deriva del comunismo de guerra lo llevo a ser considerado un disidente. Purgado por Stalin en 1938, fue rehabilitado por M. Gorbachov en 1986.

En todo caso, y a pesar de estas críticas compartidas por Gramsci en su falta de delicadeza al entender la dialéctica, esta obra lo convierte en el gran divulgador Rusia del 'materialismo histórico' y sirve para asentar la idea de la sociología.

— *GRAMSCI, Antonio; 'El materialismo Histórico y la filosofía de Benedetto Croce' 'Quaderni dele Carcere' 1929-1935*

Gramsci, es junto con György Lukács, uno de los pensadores más preocupados por volver a poner la dialéctica en un primer plano y eliminar el mecanicismo de la II Internacional.

---

136 Nueva Política Económica de carácter mixto público-privado. Defendida por Bujarín, fue adoptada por el X Congreso del Partido Comunista Ruso (1921) y sustituida por los planes quinquenales de base estatalizadores en 1928.

Recoge de su maestro Antonio Labriola el término 'filosofía de la praxis', para referirse al pensamiento de Marx y Engels, pero le da una conceptualidad epistemológica propia.

- LUKACS, György; *'Historia y consciencia de clase'*, 1923

Junto con Gramsci uno de los pensadores más hegeliano y más ocupado y preocupado por los aspectos del humanismo y la democracia en la obra de Marx.

- POLITZER, Georges; *'Principios elementales y fundamentales de la filosofía'*. *1935-1936*

La obra *'Principios elementales y fundamentales de la filosofía'* parte de las transcripciones, de sus propios alumnos, de las clases sobre filosofía que impartía el propio Politzer para divulgar los principios del materialismo entre los trabajadores. Los más reseñables es que, en comparación con otras obras de divulgación anteriores y posteriores, la sencillez necesaria no va en perjuicio de su calidad.

- BERLIN, Isaiah; *'Karl Marx'*, 1939

La biografía sobre Marx de Isaiah Berlin es una biografía brillantemente construida, que sabe combinar su trayectoria humana, su pensamiento poliédrico y su contexto vital con una coherencia magníficamente construida.

La biografía de Berlin es la obra que mejor define a Marx, lejos de las hagiografías y de las referencias de autores antimarxistas, en ambos casos sectarias y desconocedoras de su pensamiento en su total dimensión.

"Marx tuvo suerte con el retrato que le pinto Berlin, porque tras él este se volvió menos doctrinal y dogmático, más abierto a las interpretaciones múltiples, y más proteico y estimulante desde un punto de vista intelectual para aquellos espíritus dispuestos a discutir con él" (Terrell Carver)

- ALTHUSSER, Louis; *'La revolución teórica de Marx'* 1965

Estructuralista y clasificador de la obra de Marx en etapas. Reivindica al Marx 'científico' maduro frente al Marx 'filosófico' de juventud que cree necesario eliminar para 'purificar' el método de análisis de Marx.

- FROMM, Erich; *'Marx y su concepto del hombre'*, 1961

A diferencia de Althusser apuesta por la unidad epistemológica de la obra de Marx y reivindica el humanismo marxista. Existe en la obra de Fromm un acercamiento al Marx en toda su dimensión, sin amputaciones interesadas.

- ARENDT, Hannah; *'Karl Marx y la tradición del pensamiento político occidental'*, 1953

Karl Marx and the tradition of Western Polítical Thought fue escrito por Hannah Arendt en 1953 y forma parte de un proyecto más amplio financiado por la fundación Guggenheim. Contiene dos ensayos - El hilo roto de la tradición y El desafío moderno a la tradición - que pretendían formar parte de un trabajo amplio sobre el marxismo del que sus casi 1000 páginas están depositadas en la Biblioteca del Congreso de Washington. Los textos vieron la luz, junto con otro, Reflexión sobre a Revolución Húngara, en el libro Karl Marx and the tradition of Western Polítical Thought and reflections on the Hungarian Revolution (2007).

Arendt defiende la capacidad filosófica de Marx y su continuidad, y no ruptura, con la 'tradición' filosófica occidental. La gran apuesta de Arendt es señalar que de las tres propuestas de Marx: la lucha de clases, el papel de la violencia en la historia y el papel del trabajo en la sociedad, es esta última la gran novedad de Marx.

> — *HARNECKER, Marta; 'Los conceptos elementales del materialismo histórico', 1969*

Este libro, junto con diversos cuadernillos 'populares', fueron centrales en la formación de varias generaciones de 'marxistas' en España y Latinoamérica. A diferencia de los textos de Politzer, su esquematización e rigidez tienen contribuido decisivamente a una visión reduccionista y dogmática del marxismo.

Capítulo 11
A modo de conclusión [parcial]

"Marx elaboró una teoría para gigantes,
pero sus seguidores demostraron ser pigmeos"

F. Engels

El presente trabajo no pretende cerrar ningún debate epistemológico sobre el pensamiento de Marx que por otra parte, atendiendo a la complejidad de su obra, sería una tarea que requeriría una vida entera (o varias) y a varios autores.

El presente trabajo es una tarea de meses - en realidad de años -, muchas veces postergado, sobre una revisión crítica acerca da obra de Marx y su interés no es otro que despejar la niebla que adversarios y seguidores, por igual, han extendido sobre su pensamiento, sobre su visión de un pensador de la modernidad, seguramente quien a pesar de su tradición ilustrada y liberal, entendió mejor que ningún otro los límites del contractualismo liberal y la necesidad de incorporar al mismo a la parte de la sociedad excluida del mismo, en un momento en que el capitalismo adquiría su plena hegemonía pero sobre una estructura política en la que aun convivían la incipiente sociedad liberal (en formatos democráticos incipientes nadas parecidos a los nuestros) con estructuras aun del antiguo régimen.

Mi interés por el pensamiento del intelectual alemán es una constante en mi vida por diferentes circunstancias, pero en los últimos años fui re-visitando su obra no ya con una actitud militante sino de interés intelectual. La evolución de mi interés podría expresarse en algo así como: a medida que me aparto del "marxismo" como doctrina cerrada más crece mi admiración por la obra y la vida de Marx. El objetivo, non sería, pues, rehabilitar sus proposiciones – algunas hoy simplemente superadas por la propia evolución de la sociedad y del capitalismo – sino su recuperación como pensador, para sacarlo del vertedero en el que, fundamentalmente los que dicen ser sus seguidores, lo tienen enterrado.

Obviamente este ejercicio de 'liberar a Marx', junto con Jesucristo uno de los personajes históricos sobre los que se ha construido una 'religión' opuesta a sus principios, lo han realizado otros autores – algunos referenciados en este trabajo, otros no – y seguramente se seguirá realizando en la medida que su obra seguirá manteniendo un interés lógico.

En todo caso, de destacar la gran novedad del presente trabajo es la de abordar el debate sobre el marxismo en un periodo de tránsito, coincidiendo con el periodo del XX Congreso del PCUS, con un dialogo recreado entre tres autores con diferente enfoque – Arendt, Fromm y Althusser – que situaron las contradicciones claves de la crisis del marxismo 'oficial' y que tendría su epilogo en el intento (fracasado) de la perestroika por recrear un marxismo lejano de la socialdemocracia y liberado del leninismo.

Como decía en la introducción de este trabajo, Marx es un autor muy referenciado, pero poco leído, muy ocultado por sus enemigos y muy deformado por sus seguidores, por lo cual resulta difícil ser optimista en cuanto al proceso de rehabilitación epistémico que en el inicio del siglo pasado comenzó Gramsci y otros autores.

La respuesta de György Lukács, durante una entrevista en los años setenta, tampoco deja motivos para el optimismo:

> *"En los años veinte, Korsch, Gramsci y yo mismo intentamos, cada uno a su modo, enfrentarnos con el problema de la interpretación mecanicista, heredada de la II internacional. Heredamos el problema, pero ninguno de nos - ni tan siquiera Gramsci que era el mejor dotado de los tres - supo resolverlo."*

Y así seguimos.

Pero volvamos, por un momento, al imaginario dialogo entre Arendt, Althusser y Fromm.

En la búsqueda de un Marx científico, limpio de contradicciones, Althusser pretende reivindicar al 'Marx científico' y para eso construye etapas en su obra y encuentra una ruptura epistemológica entre el Marx joven, influenciado por Hegel, y el Marx científico, lejos de cualquier humanismo y a los mandos de su laboratorio social instalado en Londres.

Es cierto que en la continuidad de la obra de Marx existe una evolución no lineal, como en cualquier pensador, que definen momentos.

Así podríamos decir que hay obras como los *Manuscritos económicos y filosóficos (1844), La Sagrada Familia (1844), las Tesis sobre Feuerbach (versión 1845)* y *La ideología alemana (1845-1846)* que, como describe Engels, abren un 'nuevo tiempo'.

Igual que podríamos decir que las Obras económicas preparatorias para la redacción del Capital (1867) - *Trabajo asalariado y capital (1847), Oekonomisches Manuskript,*

Grundrisse (1857/1858), Contribución a la Crítica de la Economía Política (1859), Oekonomisches Manuskript (1861-1863) y Salario, precio y Ganancia (1865)- son claves para poner las bases del análisis sobre el Capital y sus mecanismos de función y reproducción.

Pero el carácter 'empírico' del Marx de Althusser queda empíricamente anulado por dos motivos fundamentales, y relacionados, la dialéctica - central en el pensamiento marxiano - no está ni se le espera y el materialismo, reivindicado por Althusser, se parece mucho al materialismo 'ensimismado' y alejado de la realidad de Feuerbach.

En la disección de Marx, concebida por Althusser y sus múltiples seguidores de la izquierda setentaochista y postmoderna, su idea pierde su alma. Marx, un autor rico y complejo, se reduce en esa imagen a una caricatura de Marx donde el empirismo es el cerebro de su cuerpo doctrinal pero donde la dialéctica es el corazón que bombea los nutrientes imprescindibles para que las neuronas tengan vida, desaparece.

Como decíamos en la introducción, el ideario de Marx se puede abordar de dos formas.

Una es como un autor militante, 'comunista', con una óptica corporativa, concebida de forma por los primeros movimientos socialistas y obreros, continuado por el sesgo totalitarista del bolchevismo. Precursor de autores post-modernos del 68 que iniciaron un trabajo de desmantelamiento de los ideales universalistas y transversales, reivindicando intereses de grupos más allá del ideal liberal de la ciudadanía libre e igual por encima de sus pertenencias grupales. O anticipador de los actuales comunitaristas, que a los intereses corporativos nacionales o grupales clásicos, añaden unas pléyades de subgrupos hasta el infinito, convirtiéndose en el mayor peligro del ideal liberal democrático.

Ese Marx existe, por supuesto, no es una invención.

Pero existe un Marx más rico, más ambicioso, más luminoso, más atractivo, que también existe. Es cierto que es más complejo y menos épico que el Marx revolucionario, pero es un Marx sin amputaciones deliberadas para intereses diminutos.

Es ahí donde la idea de Eric Fromm sobre el pensamiento de Marx como un humanismo de la fraternidad sustentado en tres ideas – emancipación, amor y universalismo – adquiere relevancia hoy y para las contradicciones políticas y sociales que están por venir.

a. Emancipación, tanto material como espiritual:

"Marx, el hombre que leía todos los años las obras de Esquilo y de Shakespeare, que creó algunas de las más grandes obras del pensamiento humano, jamás habría soñado que el fin de su idea del socialismo pudiera interpretarse como el Estado "benefactor" o "de los trabajadores" bien alimentados y bien vestidos. El hombre, en la visión de Marx, ha creado en el curso de la historia una cultura que podría hacer suya cuando se vea libre de las cadenas, no sólo de la pobreza económica, sino de la pobreza espiritual creada por la enajenación."[137]

104 b. El amor, por el hombre y la naturaleza:

"el socialismo de Marx es una protesta contra este mismo desamor, contra la explotación del hombre por el hombre y contra su explotación respecto de la naturaleza, el desprecio de nuestros recursos naturales a expensas de la mayoría de los hombres de hoy, y más aún de las generaciones venideras. El hombre desenajenado, meta del socialismo como ya lo hemos demostrado, es el hombre que no 'domina' a la naturaleza, sino que se identifica con ella, que está vivo y reacciona ante los objetos, de modo que los objetos cobran vida para él".[138]

c. La idea de un universalismo internacionalista y respetuoso con las construcciones nacionales como ideal democrático de la ciudadanía (Lafargue):

"Marx no limitó sus actividades al país donde había nacido. 'Soy ciudadano del mundo —decía—; actúo dondequiera que me encuentro.'"[139]

Y ese pensamiento era compatible con:

"Marx leía todos los idiomas europeos y escribía tres: el alemán, el francés y el inglés, para admiración de los expertos lingüistas. Gustaba de repetir: 'Una lengua extranjera es un arma en la lucha por la vida.'"[140]

Un Marx en su mayor dimensión filosófica que Hannah Arendt encuentra en cada una de sus tres grandes 'afirmaciones' - *"'La labor es la Creadora del hombre', 'La violencia es la partera de la Historia' y 'No puede ser libre quien esclaviza a otros', las claves de la fuerza contemporánea de su pensamiento."* -; ya que para Arendt la idea de Marx es *"revolucionaria en el sentido de ir tras los pasos de los tres acontecimientos revolucionarios que anunciaban el mundo contemporáneo y de pensarlos explícitamente."*[141]

De ahí la gran paradoja entre Marx y el 'marxismo', entre una teoría construida para emancipar al ser humano y una realidad que acabó convirtiéndolo en uno de los manuales más perfeccionados de opresión política:

---

137 FROMM, Erich; (1961); Marx's Concept of Man. Versión en español: 'Marx y su concepto Del hombre; Fondo Cultura Económica. Terceira reimpresión. México, 1970. En página 40

138 Idem FROMM (1970). En página 41

139 Idem FROMM (1970). Apendice II: Recuerdos de Marx por Paul Lafargue; página 128

140 Idem FROMM (1970). Apendice II: Recuerdos de Marx por Paul Lafargue; página 130

141 ARENDT, Hannah (1957); Karl Marx and the tradition of Western Political Thought. Versión en español: 'Karl Marx y la tradición del pensamiento político occidental'; Editorial Encuentro, 2007. Página 56

"Marx es el único pensador del siglo diecinueve que se tomó en serio en términos filosóficos el acontecimiento central del siglo: la emancipación de la clase trabajadora. La gran influencia de Marx hoy todavía se debe a este único hecho, el cual también explica, en gran medida, cómo su pensamiento pudo llegar a ser tan útil para los propósitos de la dominación totalitaria. La Unión Soviética, que desde el momento de su fundación se hizo llamar «república de trabajadores y campesinos», ha podido privar a sus trabajadores de todos los derechos de que gozan en el mundo libre."[142]

Mis notas sobre el Marx de Isaiah Berlin

No quiero acabar este trabajo sin hacer referencia al Marx de Isaiah Berlin.

No es posible ningún acercamiento crítico al Marx, con todas sus dimensiones y contradicciones, sin leer la biografía de Berlin. La biografía sobre Marx de Isaiah Berlin es una biografía brillantemente construida, que sabe combinar su trayectoria humana, su pensamiento poliédrico y su contexto vital con una coherencia magníficamente expresada.

Se pudiera pensar que siendo una obra escrita en 1939; cuando no estaban publicados, o eran desconocidos, una buena parte de sus escritos; cuando la visión que se tenía de su pensamiento estaba condicionado por el peso de la - a veces no muy acertada - interpretación de su amigo, colega y albacea Engels (después divulgada con las mismas limitaciones intelectuales por Kautsky en occidente y por Plejanov a Rusia); y por la ya huella totalitaria del leninismo; estuviéramos ante una obra superada por el paso del tiempo.

Bien al contrario, la biografía de Berlin es la obra que mejor define a Marx, lejos de las hagiografías y de las referencias de autores antimarxistas, en ambos casos sectarias y desconocedoras de su pensamiento en su dimensión total. Es un misterio maravilloso que con tan poca documentación Berlín haya podido construir este luminoso mural en un tiempo en el que los antimarxistas apostaban *"por mantener la conexión entre la represión comunista, el marxismo, y el pensamiento de Marx que políticos e intelectuales de los dos lados se habían esforzado por establecer"* (Carver)

Como dice el propio *Terrell Carver* en el Posfacio del libro de Berlin: *"Marx tuvo suerte con el retrato que le pintó Berlin, porque tras él se volvió menos doctrinal y dogmático, más abierto a las interpretaciones múltiples, y proteico y estimulante desde un punto de vista intelectual para aquellos espíritus dispuestos a discutir con él".*

---

142 Idem ARENDT (2007). Página 25

En la biografía de Berlin aparecen sus amigos, que lo apoyaron incondicionalmente, pero sobre todo aparecen sus 'enemigos' que lo definieron y le ayudaron a fijar su pensamiento - los ensimismados hegelianos, los radicales burgueses, Proudhon, Bakunin, Lassalle, ... -. Sus grandes aciertos intelectuales y sus errores en el apoyo a la locura de la Comuna de París, que a la postre se convertiría en la tumba de la AIT.

Como dice Berlin en las últimas páginas del libro *"(Marx) al alterar la opinión hasta entonces dominante de la relación del individuo con su entorno y con sus semejantes, alteró palpablemente esa misma relación; ¿y, en consecuencia, constituye la más poderosa de las fuerzas intelectuales que hoy transforman permanentemente la manera en el que los hombres obran y piensan?".*

Que así siga siendo, a pesar de los 'marxistas'.

Al incorporar la metodología de las ciencias naturales al análisis social, Marx ha sido clave para el impulso y crecimiento que han tenido las ciencias sociales.

Diversas disciplinas no se entenderían en la actualidad sin el pensamiento de Marx y Engels. La historiografía o la antropología modernas, la economía a la que se ha incorporado el concepto de política. La sociología simplemente no existiría.

La poderosa fuerza del pensamiento de Marx radica en dos líneas diferentes pero complementarias.

Su fuerza intelectual está en haber sabido combinar, adelantándose a los posteriores descubrimientos científicos, los dos pilares de la investigación y desarrollo científico actual – el método empírico de base racional y la dialéctica en toda su complejidad -.

Su fuerza política reside en ser un pensamiento de derechos civiles y sociales al servicio de la mayoría, contra los privilegios. Al ser en ese sentido una clara idea por la liberación de la humanidad; al ser un pensamiento hijo de la modernidad, con un núcleo central que conecta humanismo y libertad; bien pudiera convertirse en un instrumento en defensa de la democracia, en la lógica inversa de lo que fue utilizado durante buena parte del siglo XX.

En los confusos años 20 del siglo XXI, donde de nuevo los totalitarismos (populistas e iliberales) han renacido como una amenaza para nuestras democracias (liberales), el pensamiento de Marx es lo suficientemente poderoso como para que valga la pena ponerlo al servicio del bien común, de la libertad y de la igualdad.

Y, además, para que no vuelvan (sigan) a mancillar su legado.

Anexo: Marx Engels werke (marx engels obra) (mew)

MEW. Volumen 01 - Karl Marx | Friedrich Engels. Edición: Dietz Verlag Berlín, 1956

— *Karl Marx - Diversos artículos (1842-1844)*
— *Friedrich Engels - Diversos artículos (1839-1844)*

MEW. Volumen 02 - Karl Marx | Friedrich Engels. Edición: Dietz Verlag Berlín, 1957

— *Karl Marx y Friedrich Engels - La Sagrada Familia (1844)*
— *Friedrich Engels - La condición de la clase obrera en Inglaterra (1846)*
— *Friedrich Engels - Varios artículos (septiembre 1844-febrero 1846)*
— *Karl Marx - Explicación (enero 1946)*

MEW. Volumen 03 - Karl Marx | Friedrich Engels. Edición: Dietz Verlag Berlín, 1958

— *Karl Marx - Tesis sobre Feuerbach (versión 1845)*
— *Karl Marx y Friedrich Engels - La ideología alemana (1845-1846)*

MEW. Volumen 04 - Karl Marx | Friedrich Engels. Edición: Dietz Verlag Berlín, 1959

— *Karl Marx y Friedrich Engels - Diversos artículos (mayo 1946 - marzo 1848)*
— *Karl Marx y Friedrich Engels - El Manifiesto [del Partido] Comunista (1848)*

MEW. Volumen 05 - Karl Marx | Friedrich Engels. Edición: Dietz Verlag Berlín, 1959

— *Marx y Engels - Demandas del partido comunista en Alemania (marzo 1848)*
— *Marx y Engels - Carta a Etienne Cabet: Declaración contra la sociedad de-*

mocrática alemana en París (marzo 1848)
— Karl Marx - Carta al editor del periódico "L'Alba" (29/07/1848)
— Karl Marx y Friedrich Engels - Artículos en el 'Neue Rheinische Zeitung' (01 de junio de 1848-07 de noviembre de 1848)
— Friedrich Engels - De París a Berna (noviembre 1848)

MEW. Volumen 06 - Karl Marx | Friedrich Engels. Edición: Dietz Verlag Berlín, 1959

— Karl Marx y Friedrich Engels - Artículos en el 'Neue Rheinische Zeitung' (09 de noviembre de 1848-19 de mayo de 1849)
— Karl Marx – Trabajo asalariado y capital (1847) ('Neue Rheinische Zeitung', abril 1849)
— Karl Marx y Friedrich Engels - Artículos en otros medios (30 de mayo de 1849-30 de julio de 1849)
— Karl Marx - Los salarios (manuscrito diciembre 1847)
— Friedrich Engels - La clase obrera francesa y la elección del presidente (manuscrito diciembre 1848)
— Friedrich Engels - Proudhon (manuscrito diciembre 1848)

MEW. Volumen 07 - Karl Marx | Friedrich Engels. Edición: Dietz Verlag Berlín, 1960

— Karl Marx y Friedrich Engels - Diversos artículos (agosto 1949 - marzo 1951)
— Karl Marx - La lucha de clases en Francia 1848-1850 (1850)
— Friedrich Engels - La campaña de la Constitución de Reich alemán (1849-1850)
— Friedrich Engels - La Guerra de los campesinos alemanes (1850)
— Friedrich Engels - Las condiciones y las perspectivas de una guerra de la Santa Alianza contra la Francia revolucionaria en 1852 (abril 1851)
— Karl Marx - La Constitución de la República Francesa, adoptada el 4 de noviembre 1848 (junio 1851)

MEW. Volumen 08 - Karl Marx | Friedrich Engels. Edición: Dietz Verlag Berlín, 1960

— Karl Marx y Friedrich Engels - Diversos artículos (octubre 1851-abril 1953)
— Friedrich Engels - Revolución y contrarrevolución en Alemania (octubre 1851-octubre 1852)
— Karl Marx - El dieciocho brumario de Luis Bonaparte (diciembre 1851-marzo 1852)

- *Friedrich Engels - Inglaterra (enero 1852)*
- *Friedrich Engels - Las causas reales de la relativa inactividad del proletariado francés en diciembre (febrero 1852)*
- *Karl Marx y Friedrich Engels - Los grandes hombres del exilio (junio 1852)*   109

MEW. Volumen 09 - Karl Marx | Friedrich Engels. Edición: Dietz Verlag Berlín, 1960

- *Karl Marx y Friedrich Engels - Artículos en 'New York Daily Tribune' (marzo 1853-diciembre 1953)*
- *Karl Marx - Lord Palmerston (octubre 1853-diciembre 1853)*

MEW. Volumen 10 - Karl Marx | Friedrich Engels. Edición: Dietz Verlag Berlín, 1961

- *Karl Marx y Friedrich Engels - Diversos artículos (enero 1854-enero 1855)*
- *Karl Marx - España Revolucionaria (septiembre 1854-diciembre 1854)*

MEW. Volumen 11 - Karl Marx | Friedrich Engels. Edición: Dietz Verlag Berlín, 1961

- *Karl Marx y Friedrich Engels - Diversos artículos (enero 1855-abril 1856)*
- *Karl Marx - Lord John Russell (julio 1855-agosto 1855)*
- *Friedrich Engels - Los ejércitos de Europa (junio 1855-diciembre 1855)*
- *Karl Marx - La caída de Kars (abril 1856)*

MEW. Volumen 12 - Karl Marx | Friedrich Engels. Edición: Dietz Verlag Berlín, 1961

- *Karl Marx y Friedrich Engels - Diversos artículos y escritos (enero 1856-enero 1859)*

MEW. Volumen 13 - Karl Marx | Friedrich Engels. Edición: Dietz Verlag Berlín, 1961

- *Karl Marx y Friedrich Engels - Diversos artículos y escritos (enero 1859-febrero 1860)*
- *Karl Marx - Contribución a la Crítica de la Economía Política (1859)*
- *Friedrich Engels - Carlos Marx: 'Contribución a la Crítica de la Economía Política' (1859)*
- *Karl Marx - Introducción General a la Crítica de la Economía Política (manuscrito 1857)*

MEW. Volumen 14 - Karl Marx | Friedrich Engels. Edición: Dietz Verlag Berlín, 1961

— *Karl Marx y Friedrich Engels - Ensayos para 'The New American Cyclopedia' (septiembre 1857-noviembre 1860)*
— *Karl Marx - Herr Vogt (1860)*
— *Karl Marx - Varias Cartas y Declaraciones (octubre 1859-diciembre 1860)*

MEW. Volumen 15 - Karl Marx | Friedrich Engels. Edición: Dietz Verlag Berlín, 1961

— *Karl Marx y Friedrich Engels - Diversos artículos y escritos (enero 1860-septiembre 1864)*

MEW. Volumen 16 - Karl Marx | Friedrich Engels. Edición: Dietz Verlag Berlín, 1962

— *Karl Marx y Friedrich Engels - Diversos artículos y escritos (septiembre 1864-julio 1870)*
— *Karl Marx - Discurso inaugural de la Asociación Internacional de los Trabajadores (28 de septiembre de 1864)*
— *Karl Marx - Estatutos Provisionales de la Asociación Internacional de los Trabajadores (octubre 1864)*
— *Friedrich Engels - La cuestión militar prusiana y el Partido Obrero Alemán (febrero 1865)*
— *Marx, Karl - Salario, Precio y Ganancia (1865)*
— *Friedrich Engels - Resumen sobre el primer volumen de 'Das Kapital' de Karl Marx (1865)*

MEW. Volumen 17 - Karl Marx | Friedrich Engels. Edición: Dietz Verlag Berlín, 1962

— *Karl Marx y Friedrich Engels - Diversos artículos y escritos (julio 1870-febrero 1872)*
— *Friedrich Engels - Sobre la guerra (julio 1870-febrero 1871)*

MEW. Volumen 18 - Karl Marx | Friedrich Engels. Edición: Dietz Verlag Berlín, 1962

— *Karl Marx y Friedrich Engels - Diversos artículos y escritos (marzo 1872-marzo 1875)*
— *Karl Marx y Friedrich Engels - Resoluciones del Congreso General de la AIT*
— *en La Haya del 2 al 7 de septiembre de 1872*
— *Friedrich Engels - Sobre el tema de la vivienda (mayo 1872-enero 1873)*

— *Karl Marx y Friedrich Engels - Una conspiración contra la Asociación Internacional de los Trabajadores (abril 1873-julio 1873)*

MEW. Volumen 19 - Karl Marx | Friedrich Engels. Edición: Dietz Verlag Berlín, 1962

— *Karl Marx y Friedrich Engels - Diversos artículos y escritos (marzo 1875-mayo 1883)*
— *Karl Marx - Crítica del Programa de Gotha (1875)*
— *Friedrich Engels - Wilhelm Wolff (julio 1876-noviembre 1876)*
— *Friedrich Engels - Carlos Marx (junio 1877)*
— *Friedrich Engels - El desarrollo del socialismo de la utopía a la ciencia (1880)*
— *Friedrich Engels – Elogio de Karl Marx en su funeral (17 de marzo de 1883)*

MEW. Volumen 20 - Karl Marx | Friedrich Engels. Edición: Dietz Verlag Berlín, 1962

— *Friedrich Engels. - Anti-Dühring (1876-1878)*
— *Friedrich Engels. - Dialéctica de la Naturaleza (1873-1883)*
— *Friedrich Engels. - El papel del trabajo en la transformación del mono en hombre (1876)*
— *Friedrich Engels. - Anti-Dühring – Materiales preparatorios*

MEW. Volumen 21 - Karl Marx | Friedrich Engels. Edición: Dietz Verlag Berlín, 1962

— *Friedrich Engels - Diversos artículos y escritos (mayo 1883-diciembre 1889)*
— *Friedrich Engels - El origen de la familia, la propiedad privada y el Estado (1884)*
— *Friedrich Engels - Ludwig Feuerbach y el fin de la filosofía clásica alemana (1886)*
— *Friedrich Engels - El papel de la violencia en la historia (diciembre 1887-marzo 1888)*

MEW. Volumen 22 - Karl Marx | Friedrich Engels. Edición: Dietz Verlag Berlín, 1963

— *Friedrich Engels - Diversos artículos y escritos (1890-1895)*
— *Friedrich Engels - ¿Se puede desarmar a Europa? (febrero-marzo 1893)*

MEW. Volumen 23 - Karl Marx | Friedrich Engels. Edición: Dietz Verlag Berlín, 1962

- *Karl Marx - Das Kapital. Crítica de la Economía Política. Volumen I: El proceso de producción del capital*
- *Prólogo a la 1ª Edición (Marx, 1867)*
- *Epílogo a la 2ª edición (Marx, 1873)*
- *Prefacio y epílogo de la edición francesa (Marx, 1875)*
- *Epílogo a la 3ª edición (Engels, 1883)*
- *Prefacio a la edición inglesa (Engels, 1886)*
- *Epílogo a la 4ª edición (Engels, 1890)*
- *Sección Primera: Bienes y Dinero*
- *Capítulo 1º.- Los bienes*
- *Capítulo 2º.- El proceso de intercambio*
- *Capítulo 3º.- La circulación de dinero y de las mercancías*
- *Sección Segunda: La transformación del dinero en capital*
- *Capítulo 4º.- Transformación del dinero en capital*
- *Sección Tercera: La producción de plusvalía absoluta*
- *Capítulo 5º.- Proceso de trabajo y proceso de recuperación*
- *Capitulo 6º.- El capital constante y el capital variable*
- *Capítulo 7º.- La tasa de plusvalía*
- *Capítulo 8º.- La jornada laboral*
- *Capítulo 9º.- Tasa y masa de plusvalía*
- *Sección Cuarta: La producción de plusvalía relativa*
- *Capítulo 10º.- Concepto de plusvalía relativa*
- *Capítulo 11º.- Cooperación*
- *Capítulo 12º.- La división del trabajo y la fabricación*
- *Capítulo 13º.- Maquinaria y gran industria*
- *Sección Quinta: La producción de plusvalía absoluta y relativa*
- *Capítulo 14º.- Plusvalía absoluta y relativa*
- *Capítulo 15º.- Cambio en el tamaño del precio de la fuerza de trabajo y la plusvalía*
- *Capítulo 16º.- Diversas fórmulas para la tasa de plusvalía*
- *Sección Sexta: Los Salarios*
- *Capítulo 17º.- La transformación del valor precio de la fuerza de trabajo en salario*

MEW. Volumen 24 - Karl Marx | Friedrich Engels. Edición: Dietz Verlag Berlín, 1963

- *Capítulo 16º.- La rotación del capital variable*
- *Capítulo 17º.- La circulación de la plusvalía*
- *Sección Tercera: Reproducción y circulación del capital social*
- *Capítulo 18º.- Introducción*
- *Capítulo 19º.- Representaciones previas del sujeto*
- *Capítulo 20º.- Reproducción simple*
- *Capítulo 21º.- Acumulación y reproducción ampliada*

MEW. Volumen 25 - Karl Marx | Friedrich Engels. Edición: Dietz Verlag Berlín, 1964

- *Karl Marx - Das Kapital. Crítica de la Economía Política. Volumen III: El proceso general de la producción capitalista*
- *Prólogo a la 1ª Edición (Engels, 1894)*
- *Sección Primera: La transformación de la plusvalía en ganancia y la tasa de plusvalía en tasa de ganancia*
- *Capítulo 1º.- Precio de costo y beneficio*
- *Capítulo 2º.- La tasa de ganancia*
- *Capítulo 3º.- Relación entre la tasa de ganancia y la tasa de plusvalía*
- *Capítulo 4º.- Efecto de rotación sobre la tasa de ganancia*
- *Capítulo 5º.- Economía en el uso del capital constante*
- *Capítulo 6º.- Efecto del cambio de precios*
- *Capitulo 7º.- Suplementos*
- *Sección Segunda: La transformación de la ganancia en ganancia media*
- *Capítulo 8º.- Diferente composición de capitales en diferentes ramas de la producción y, por lo tanto, la diversidad resultante de Tasas de ganancia*
- *Capítulo 9º.- Formación de una tasa general de ganancia (promedio Tasa de ganancia) y transformación de los valores de las mercancías en precios de producción*
- *Capítulo 10º.- Igualación de la tasa general de ganancia por la Competencia. precios de mercado y valores de mercado. Plusvalía*
- *Capítulo 11º.- Efectos de las fluctuaciones generales de los salarios sobre los precios de producción*
- *Capítulo 12º.- Suplementos*
- *Sección Tercera: Ley de la tendencia decreciente de la tasa de ganancia*
- *Capítulo 13º.- La propia ley*
- *Capítulo 14º.- Contrarrestar las causas*

- *Capítulo 42º.- La renta diferencial II - Segundo caso: caída del precio de producción*
- *Capítulo 43º.- La renta diferencial II - Tercer caso: aumento del precio de producción*
- *Capítulo 44º.- La renta diferencial también en las peores tierras de cultivo*
- *Capítulo 45º.- La renta básica absoluta*
- *Capítulo 46º.- La renta de la construcción. El precio del suelo*
- *Capítulo 47º.- Génesis de la renta capitalista*
- *Sección Séptima: Los ingresos y sus fuentes*
- *Capítulo 48º.- La fórmula trinitaria*
- *Capítulo 49º.- Para analizar el proceso de producción*
- *Capítulo 50º.- A La luz de la competencia*
- *Capítulo 51º.- Relaciones de distribución y relaciones de producción*
- *Capítulo 52º.- Las clases*
- *Apuntes y complementos al III Libro de Das Kapital (Engels)*

MEW. Volumen 26 (Tomo I) - Karl Marx | Friedrich Engels. Edición: Dietz Verlag Berlín, 1965

- *Karl Marx - Sobre la plusvalía (1862-1863) (parte de Oekonomisches Manuskript 1861-1863): Das Kapital. Volumen IV. Primera parte - Capítulos: primero a séptimo y anexos*

MEW. Volumen 26 (Tomo II) - Karl Marx | Friedrich Engels. Edición: Dietz Verlag Berlín, 1967

- *Karl Marx - Sobre la plusvalía (1862-1863) (parte de Oekonomisches Manuskript 1861-1863): Das Kapital. Volumen IV. Segunda parte. Capítulos: octavo al decimoctavo*

MEW. Volumen 26 (Tomo III) - Karl Marx | Friedrich Engels. Edición: Dietz Verlag Berlín, 1968

- *Karl Marx - Sobre la plusvalía (1862-1863) (parte de Oekonomisches Manuskript 1861-1863): Das Kapital. Volumen IV. Tercera parte. Capítulos: diecinueve al veinticuatro y anexos*

MEW. Volumen 27- Karl Marx | Friedrich Engels. Edición: Dietz Verlag Berlín, 1963

— *Karl Marx y Friedrich Engels - Correspondencia (enero1842-diciembre 1851)*

MEW. Volumen 28 - Karl Marx | Friedrich Engels. Edición: Dietz Verlag Berlín, 1963

— *Karl Marx y Friedrich Engels - Correspondencia (enero 1852-diciembre 1855)*

MEW. Volumen 29 - Karl Marx | Friedrich Engels. Edición: Dietz Verlag Berlín, 1963

— *Karl Marx y Friedrich Engels - Correspondencia (enero 1856-diciembre 1859)*

MEW. Volumen 30 - Karl Marx | Friedrich Engels. Edición: Dietz Verlag Berlín, 1964

— *Karl Marx y Friedrich Engels - Correspondencia (enero 1860-septiembre 1864)*

MEW. Volumen 31 - Karl Marx | Friedrich Engels. Edición: Dietz Verlag Berlín, 1965

— *Karl Marx y Friedrich Engels - Correspondencia (octubre 1864-diciembre1867)*

MEW. Volumen 32 - Karl Marx | Friedrich Engels. Edición: Dietz Verlag Berlín, 1965

— *Karl Marx y Friedrich Engels - Correspondencia (enero 1868-julio 1870)*

MEW. Volumen 33 - Karl Marx | Friedrich Engels. Edición: Dietz Verlag Berlín, 1966

— *Karl Marx y Friedrich Engels - Correspondencia (julio 1870-diciembre 1874)*

MEW. Volumen 34 - Karl Marx | Friedrich Engels. Edición: Dietz Verlag Berlín, 1966

— *Karl Marx y Friedrich Engels - Correspondencia (enero 1875-diciembre1880)*

MEW. Volumen 35 - Karl Marx | Friedrich Engels. Edición: Dietz Verlag Berlín, 1967

— *Karl Marx y Friedrich Engels - Correspondencia (enero 1881-marzo 1883)*

MEW. Volumen 36 - Karl Marx | Friedrich Engels. Edición: Dietz Verlag Berlín, 1967

— *Friedrich Engels - Correspondencia (abril 1883-diciembre 1887)*

MEW. Volumen 37 - Karl Marx | Friedrich Engels. Edición: Dietz Verlag Berlín, 1967

— *Friedrich Engels - Correspondencia (enero 1888-diciembre 1890)*

MEW. Volumen 38 - Karl Marx | Friedrich Engels. Edición: Dietz Verlag Berlín, 1968

— *Friedrich Engels - Correspondencia (enero 1891-diciembre 1892)*

MEW. Volumen 39 - Karl Marx | Friedrich Engels. Edición: Dietz Verlag Berlín, 1968

— *Friedrich Engels - Correspondencia (enero 1893-Julio 1895)*

MEW. Volumen 40 - Karl Marx | Friedrich Engels. Edición: Dietz Verlag Berlín, 1968

— *Volumen complementario 1: escritos, manuscritos, cartas hasta 1844*
— *Karl Marx - Escritos 1837-1844*
— *Karl Marx - Temas para el epicúreo, la filosofía estoica y escéptica*
— *Karl Marx - Manuscritos económicos y filosóficos de 1844*

MEW. Volumen 41 - Karl Marx | Friedrich Engels. Edición: Dietz Verlag Berlín, 1968

— *Volumen complementario 2: escritos, manuscritos, cartas hasta 1844*
— *Friedrich Engels – Escritos 1839-1844*

MEW. Volumen 42 - Karl Marx | Friedrich Engels. Edición: Dietz Verlag Berlín, 1983

— *Karl Marx - Oekonomisches Manuskript 1857/1858 (Grundrisse)*

MEW. Volumen 43 - Karl Marx | Friedrich Engels. Edición: Dietz Verlag Berlín, 1990

— *Karl Marx - Oekonomisches Manuskript 1861-1863, Parte I*

MEW. Volumen 44 - Karl Marx | Friedrich Engels. Edición: Dietz Verlag Berlín, 2018

— *Karl Marx: Oekonomisches Manuskript 1861-1863, Parte II*

MEW. Volumen 45 Karl Marx | Friedrich Engels. Edición: pendiente

— *Sobre la historia de la cuestión polaca (Manuscritos 1863-1864)*

Referencias bibliográficas

ALTHUSSER, Louis (1965); 'Pour Marx'; versión en español: La revolución teórica de Marx 1965. Traducción del francés de Marta Harnecker. Siglo XXI editores. XV edición. México, 1976

ARENDT, Hannah (1953); 'Karl Marx and the tradition of Western Political Thought'; versión en español: Karl Marx y la tradición del pensamiento político occidental. Ediciones Encuentro S.A. Madrid, 2007

BERLIN, Isaiah (1939); 'Karl Marx'; versión en español: Karl Marx. Alianza Editorial. Segunda reimpresión. Madrid 2021

Boletín de Información; XXVII Congreso del PCUS (9/1986); Editorial Internacional Paz y Socialismo; Praga 1986

Boletín de Información; Pleno del CC del PCUS (27-28 de enero de 1987); Editorial Internacional Paz y Socialismo; Praga 1987

Boletín de Información; XIX Conferencia Nacional del PCUS (17-18/1988); Editorial Internacional Paz y Socialismo; Praga 1988

BUJARIN, Nicolai (1919); 'El ABC del comunismo'; versión en español: Editorial Fontamara. Barcelona 1977

BUJARIN, Nicolai (1921); Teoría del materialismo histórico: Ensayo popular de sociología marxista; versión en español: Editorial Siglo XXI; México1974

FETSCHER, Iring (Coord.); Der Marxismus Seine Geschichte in Dokumenten; versión en español: 'El marxismo, su historia en documentos', 3 tomos. Editorial Zero. Madrid, 1973,1974 y 1976

FROMM, Erich (1961); 'Marx's Concept of Man'; versión en español: Marx y su concepto del hombre. Traducción de Julieta Campos. Fondo Cultura Económica. Tercera reimpresión. México, 1970

GORBACHOV, Mijail; 'Octubre y la perestroika'. Editorial Agencia de Prensa Novosti. Moscú 1987

GORBACHOV, Mijaíl (1986); Informe político del Comité Central del PCUS al XXVII Congreso del Partido (versión en español); Editorial de la Agencia de Prensa Nóvosti; Moscú, 1986

GRAMSCI, Antonio (1975); 'Quaderni del Carcere 1929-1935'; versión en español: Cuadernos de la cárcel. 6 Tomos. 1ª reimpresión 1985. Ediciones Era. México 1981

HARNECKER, Marta; 'Los conceptos elementales del materialismo histórico', 1969. Siglo XXI editores. 50 edición. Madrid, 1983

HARNECKER, Marta; MAIDANIK, Kiva y ZAMKOVA, Nadia (1987-1989); 'Perestroika, la revolución de las esperanzas'; Editorial Txalaparta; Tafalla 1990

KORSCH, Karl: 'Marxismus und Philosophie' [1923] en K. Korsch: Marxismus und Philosophie, Europäische Verlagsantalt, Fráncfort, 1972

LENIN, Vladimir I. (1909) 'Materialismo y empiriocriticismo'; versión en español: Editorial Ayuso. Madrid, 1974

LENIN, Vladimir I. (1913); 'Las tres fuentes y las tres partes integrantes del marxismo', en 'Obras escogidas', 3 tomos. 1966. Versión en español. Editorial Progreso. Moscú 1981

LUKÁCS, Georg (1923); 'Geschichte und klassen bewusstsein"; versión en español: Historia y conciencia de clases; Traducción de Manuel Sacristán. Editorial Grijalbo. México 1969

MARX, Karl, ENGELS, Friedrich; 'Obras escogidas'. 3 tomos (1966); versión en español: Editorial Progreso. Moscú, 1981.

PLEJANOV, Georgi (1908); 'Las cuestiones fundamentales del marxismo. Obras escogidas'. Volumen I. Editorial Quetzal. Buenos Aires 1964

POLITZER, Georges; sobre notas de Maurice Le Goas (1935-1937); 'Principios elementales y fundamentales de la filosofía'. AKAL. Madrid 1985

SCHAFF, Adam (1982); 'Die Kommunistische bewegung am scheideweg'; versión en español: El comunismo en la encrucijada. Editorial Grijalbo. Barcelona, 1983

YAKOVLEV, Alecsandr; 'La revolución francesa y la contemporaneidad'. Editorial de la Agencia de prensa Novosti. Moscú, 1989

VARIOS AUTORES (1979); 'Fundamentos de la doctrina marxista-leninista. Manual'. Edición española. Editorial Progreso. Moscú 1983

2-3-7

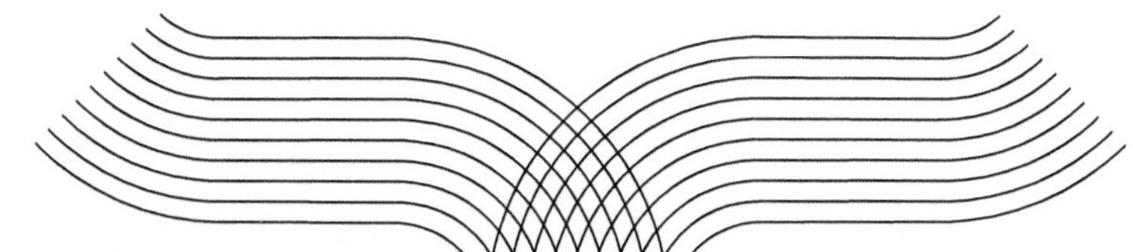